交渉の武器

交渉プロフェッショナルの20原則

The Weapons of Negotiation

Ryan S. Goldstein

ライアン・ゴールドスティン

ダイヤモンド社

恐怖から交渉をしてはいけない。
しかしまた、交渉するのを恐れてもいけない。
ジョン・F・ケネディ

Let us never negotiate out of fear.
But let us never fear to negotiate.
John F. Kennedy

はじめに

「世界で最も恐れられる法律事務所」の交渉術

私は、シカゴで生まれ育ったアメリカ人弁護士である。

米国弁護士になった当初は、日米を行き来していたが、8年前に日本に移住。アメリカの法律専門誌で「世界で最も恐れられる四つの法律事務所」に4度選出された、クイン・エマニュエル・アークハート・サリバン法律事務所（以下、クイン・エマニュエル法律事務所）の東京オフィス代表を務めている。

アップルvsサムスン訴訟にサムスンの代理人のひとりとしてかかわったほか、NTTドコモ、三菱電機、東レ、丸紅、NEC、セイコーエプソン、リコー、キヤノン、ニコン、円谷プロなどの有名企業から中小企業まで、主に日本企業の代理人として、海外企業との交渉・訴訟を行うのが私の仕事だ。日本企業の味方をすることで、愛する日本のために貢献することが、私の最も重要なミッションなのだ。

私が初めて日本に興味をもったのは大学時代のこと。

ダートマス大学に入学した1989年当時、アメリカの対日貿易赤字は膨らむ一方で、米国議会が対日強硬策を政府に迫るなど反日感情が高まっていた。しかも、日本はバブル経済の真っ只中。資金力を誇る日本の大企業が、ニューヨークの象徴であるロックフェラー・センターを買収したことで、ジャパン・バッシングの火に油を注いでいた。

しかし、メディアで連日繰り広げられる「日本叩き」に、私は違和感をもっていた。なぜなら、自分を含めてアメリカ人の大半は日本のことをよく知らなかったからだ。その証拠に、私は高校時代までに日本の歴史を勉強したことがなかった。

世界史の授業で教えられるのは、メソポタミア文明を出発点に、エジプト、ギリシヤ、ローマ、ヨーロッパ、そしてアメリカの歴史だけ。太平洋戦争を戦った相手国であるにもかかわらず、日本のことを学ぶ機会はまったくなかったのだ。

よく知りもしない相手を一方的に責めるのはフェアなことだろうか？

私はそう思った。そして、「いったい日本とはどういう国なのだろう？」と興味をもった。かすかな共感を覚えていたといってもいいだろう。いま思えば、そのように感じた背景には、私の一族が辿った歴史があったのかもしれない。

私の一族はポーランドにルーツをもつユダヤ系移民だ。

祖父の代まで住んでいた村は、すでに地図上に存在しない。１９００年代初頭に過激化したユダヤ人迫害行為「ポグロム」によって焼き払われたからだ。祖父が命からがらアメリカに逃げのびて以来、私の一族はマイノリティとして生きてきた。だからこそ、バッシングを浴びる日本に共感を覚えたのかもしれないと思うのだ。

なぜ、日本企業の味方をするのか？

ともあれ、日本に興味をもった私は、大学で「日本の歴史」の授業を選択。この授業を通じて日本への関心を深めていった。

強く惹きつけられたのは、古来、日本人が生み出してきた優れた知恵だった。たとえば「参勤交代」。徳川幕府は再び戦乱を招かないために、決して革命を起こせないきわめて合理的なシステムを生み出した。世界の歴史でも特筆すべき洗練された統治を実現したのだ。その深い知恵に感動すら覚えたものだ。

授業や書物を通して日本に触れるだけでは飽き足らなくなった私は、大学3年のときに金沢にホームステイすることにした。そして、このときの経験が私の人生を決定づけた。

いまでも親しくさせていただいているホスト・ファミリーの皆さんはもちろん、多くの日本人に親切にしていただいた。当時は金沢に滞在する外国人が少なかったこともあり、道で迷っていたら誰かがすぐに声をかけてくれ、わざわざ目的地まで連れていってくれたものだ。

そのような心の温かさは、私にとっては初めての経験。日本の「人情」という概念を肌身で感じた私は、「日本で生きていきたい」「日本の味方として働きたい」と考えるようになった。

大学を卒業後、早稲田大学大学院に留学。2年間を日本で過ごしたのち、ハーバード大学法科大学院に進学した。そして、カリフォルニア州弁護士資格を取得後、ハーバード成績トップ5％が選ばれる連邦判事補佐職「クラークシップ」を経て、クイン・エマニュエル法律事務所に入所する。

当時、クイン・エマニュエル法律事務所に日本企業のクライアントはなかったが、「日本企業の弁護がしたい」と訴えて、日本とアメリカを行き来しながら一社ずつ日本企業のクライアントを増やしていった。

そして、２００７年に東京オフィスを開設して代表に就任。それ以来、一貫して日本企業をサポートすることをミッションとして働いてきた。もちろん、日本に骨を埋めるつもりだ。日本の素晴らしさを守るために、少しでも力になれれば本望である。

「理想論」で交渉には勝てない

私が本書を書いたのは、ある思いがあるからだ。

日本人は優しい。常に目の前の相手を思いやる。争い事を好まず、穏便《おんびん》にものごとを解決しようとする。これは日本人の美点であり、私が日本と日本人を敬愛する理由でもある。しかし、それゆえに交渉で不利益を被っていると感じることが多いのだ。

日本企業の多くは優れた技術をもつとともに、勤勉で誠実なビジネスを行っている。しかし、グローバル・ビジネスのプレイヤーたちは、日本人の優しさや思いやりの精神に付け込もうと躍起《やっき》になってくる。争い事を好まない日本企業をターゲットに訴訟をしかけてくる人物や企業が多いのだ。その結果、優れた事業を行っている日本企業が損失を被っているとすれば、それを見過ごすことはできない。

もちろん、私は、日本人の優しさに付け込もうとする姿勢が非常に気に食わないが、それを指摘して態度を改める相手ではない。相手がそのような存在であることを前提に、こちら側が交渉力を磨くほかないのだ。

そこで、私が弁護士として、世界中の企業とタフ・ネゴシエーションをしてきた経験を通じて身につけた「交渉を有利に進める鉄則」を、日本のビジネスパーソンの皆様とシェアしたいと考えて本書をまとめることにした。

『交渉の武器』という少々物騒《ぶっそう》なタイトルをつけたのには理由がある。

近年、交渉学と称する分野では、交渉当事者が協調しながら両者にとって利益のある合意に至る手法の研究がさかんにされている。たしかに、相手も同じ思想をもっているならば、そのような交渉が成立する可能性はあるだろう。

しかし、残念なことではあるが、そのような考え方は理想論にすぎない。それは、グローバル・ビジネスの最もシビアな交渉の現場に立ち会ってきた私の嘘偽らざる感想である。

そもそも交渉とは、当事者間で利害対立があるから行われるものである。対立が出発点である限り、それは「戦い」にほかならないのだ。

もちろん、いたずらに戦うばかりでは、双方に不利益をもたらすだけだから、平和的解決を望む姿勢は不可欠である。しかし、だからと言って交渉が「戦い」でなくなるわけではない。「戦わずして勝つ」という言葉があるように、平和的解決をめざすのも、あくまで「勝つ（＝自分の目的を達成する）」ためなのだ。そのことを強調するために、『交渉の武器』というタイトルを採用した次第だ。

「戦わずして勝つ」ための武器

とはいえ、本書は決して好戦的な交渉をすすめるものではない。

「戦わずして勝つ」のが最良の方法であるのは当然のことだ。ただし、「戦わずして勝つ」ためには、交渉が「戦い」であることを忘れず、冷徹に戦闘準備を行うことが不可欠。もしも、相手の善意や品位に期待して準備を怠れば、相手の思うままに不利な条件を飲まざるをえなくなるだろう。しっかりとした戦闘態勢を整えることができたときにはじめて、平和的解決の道が切り拓かれるのだ。

また、一口に交渉と言っても、職場をはじめとする日常生活における交渉、営業活動や契約締結など通常のビジネスでの交渉、訴訟沙汰になるようなビジネス上のトラブルをめぐる交渉など、さまざまなレベルのものがある。そして、置かれた状況によって交渉に向かう姿勢や辿るプロセスは異なるが、私は、どんな局面でも共通する「普遍的な原則」があると考えている。本書では、そのような「普遍的な原則」を抽《ちゅう》出《しゅつ》することをめざしている。

もちろん、私もまだ40代の未熟者だ。交渉という奥深い世界を知り尽くすにはまだはやいだろう。ぜひとも、読者の皆様からの率直なご意見・ご批判をいただければ幸いだ。そして、皆様とともに、日本企業と日本人ビジネスパーソンが世界で力強く生き抜いていくための「交渉の武器」を磨き上げていければと願っている。

２０１８年11月

ライアン・ゴールドスティン

交渉の武器◉目次

交渉担当者の「能力」が疑われる
ただし、ひとりで交渉に臨んではいけない
「戦い」を冷静に観察するセコンドが必要
チームの足並みが崩れたら負ける
「1000万〜2000万円」を損した苦い経験
映画「ゴッドファーザー」に学ぶ交渉の鉄則
なぜ、ゴッドファーザーの長男は「銃殺」されたのか?

13 相手側の「交渉担当者」を動かす

交渉担当者の後ろに控える「意思決定者」を意識する
目の前の相手が「真の交渉相手」ではない
「緊張関係」と「信頼関係」は両立する
相手が「報告」しやすい材料を与える
交渉担当者が「ネック」となる場合の対応策
「やってしまって、あとで謝る」という作戦
「交渉担当者の交代」を好機として活かす

［装　丁］奥定泰之
［写　真］榊　智朗
［編集協力］前田浩弥
［ＤＴＰ］本間　緑（ＮＯＡＨ）
［校　正］小倉優子
［編　集］田中　泰

第1章
「合意」は交渉のゴールではない

01

交渉のゴールは「合意」ではない

交渉とは「自分の目的」を達成するための手段である

そもそも「交渉」とは何か？

交渉（Negotiation）とは何か？

まずは、その根本的な認識を確認しておきたい。

地面にしっかりと根を張っていない樹木は倒れやすいが、それは交渉でも同じだ。枝《えだ》葉《は》の交渉テクニックを多少身につけたところで、交渉に向かう根本的なスタンスが脆弱《ぜいじゃく》であれば、苦もなく相手に揺さぶられてしまうだろう。そして、不利な交渉を強いられてしまうのだ。

そこで、交渉の定義を確かめることから本書を始めようと思う。世界で最も権威のある英語辞典である『オックスフォード英語辞典』の“Negotiation”の項目には、“Discussion aimed at reaching an agreement.”と書かれている。日本語に翻訳すれば、「合意に達することを目的に討議すること」となる。

この定義に異議を唱える人はいないだろう。

交渉のテーブルにつくということは、話し合いによって利害調整をめざすことに、当事者が合意しているということにほかならないからだ。「合意をめざす」ことへの合意がなければ交渉は成立しない。お互いの言い分を押し付けあうだけであれば、すぐに話し合いは暗礁《あんしょう》に乗り上げるだろう。それを交渉とは言わないのだ。

交渉とは「矛盾したゲーム」である

しかし、ここにパラドックスがある。

たしかに、交渉とは合意をめざして行われるものであるが、合意を最終的な目的

（ゴール）としてしまった者は、交渉において必然的に不利な立場に立たされてしまうのだ。これは当然のことで、相手がまったく譲歩をしない場合に合意に至ろうとすれば、こちらが譲歩するほかないからだ。

その結果、相手にとって一方的に都合がよく、こちらにとっては不本意な合意に至るのであれば、何のために交渉を行ったのかわからなくなる。それもまた「まともな交渉」とは言えないのだ。つまり、交渉とは「合意に達することを目的に討議すること」であるにもかかわらず、合意することをゴールに設定した者が不利になる「矛盾したゲーム」なのだ。

「合意」のために不本意な譲歩をしない

なぜ、このような矛盾が生じるのか？

私は、交渉の定義に問題があると考えている。

もちろん、『オックスフォード英語辞典』の定義が間違っているわけではない。交渉するからには、誠実に「合意に達することを目的に討議」しなければならない。しかし、この定義は、現実の交渉における「態度決定」にはほとんど役に立たないと思う。むしろ、合意をゴールに設定する者を生み出す弊害《へいがい》すらあると思うのだ。

だから、私は交渉をこう定義している。

交渉とは、「自分の目的」を達成するための手段である、と。

これに尽きると思うのだ。

そもそも、私たちが交渉をするのは、何らかの実現したい目的があるからだ。家賃交渉をするのは、安くて好立地な賃貸住宅に住むという目的のためであり、営業マンが売買交渉をするのは、少しでも高く買ってもらうためだ。あるいは、企業が合併交渉をするのは、より有利な事業環境を手に入れるためである。その目的を達成するために、相手との利害調整を行うのが交渉なのだ。

つまり、交渉の目的は「合意すること」ではなく、あくまでも「自分の目的」を達成することでなければならないのだ。当たり前のことのようだが、この原点を決して忘れてはならない。合意するために不本意な譲歩・妥協をして、「自分の目的」を放棄してはならないのだ。

そして、この認識には重要な意味が含まれている。

すなわち、誠実な態度で「合意に達することを目的に討議」をした結果、不本意な譲歩・妥協をしなければ合意できないと明らかになったときには、交渉決裂という選択をすべきなのだ。「自分の目的」を達成できる場合には合意し、そうでなければ交渉決裂を突きつける。それこそが、交渉のあるべき姿なのだ。

交渉決裂は「交渉の終わり」ではない

いや、こう言うべきかもしれない。

交渉決裂は必ずしも交渉の終わりを意味しない。交渉決裂も「交渉プロセス」の一部になりうるのだ、と。

「どういうことか？」と不可解に思う人もいるだろう。

そこで、ある日本人事業家のエピソードを紹介したい。その人物は、ある商品を売り込むために、いちはやく東南アジアに販路を開拓した先駆者《せんくしゃ》だった。しかし、そのビジネスが軌道に乗り始めると、世界的な大資本がその市場への参入を開始。熾烈《しれつ》なシェア獲得競争が始まった。

大資本は資金力にモノを言わせて大量に広告を出すとともに、安値攻勢を仕掛けてきた。日本人事業家は、長年かけて築いた販路を最大限に活かして応戦。シェアの一部は奪われたものの、シェアトップの座を死守していた。ただ、安値競争を強いられたことで、事業が傷ついていたのも事実だった。

そして、市場競争が膠着状況《こうちゃくじょうきょう》を迎えたころ、大資本から合併の打診があった。「このまま安値競争を続けたら、お互いに傷つくだけだ。手を結ばないか？」というわけだ。もちろん、日本人事業家にとっても〝渡りに船〟の提案。早速、合併交渉に乗り出した。

戦った末に「合意」を勝ち取る

ところが、この交渉が難航《なんこう》した。

最大のポイントは合併比率だった。日本人事業家は「シェアトップなのだから、自分が51％以上の株式を保有して、主導権を握らなければならない」と考えていたが、大資本のプライドがあったのだろう、「最大限譲歩しても50％ずつの対等合併」と譲らなかったのだ。

しかし、対等合併では、両者の思惑が異なる局面において事業運営が迷走しかねない。「それは最悪の選択だ。どちらかが主導権を握らなければ、合併はうまくいかない」と日本人事業家は、対等合併を断固として拒否。交渉は1年を超えて続けられたが、どうしても折り合いをつけることができなかった。

そこで、日本人事業家は単独で事業を継続することを決断。交渉決裂を通告した。合併して、さらにシェアを高めるとともに、安値競争を終わらせるのがベストの選択肢だったが、対等合併では絶対にうまくいかない。この事業を成功させるためには、「自分が51％の株式を保有する」という条件が不可欠。それが不可能なのであれば、交渉決裂やむなしと判断したのだ。

しかし、話はここで終わらない。

その後、日本人事業家は大資本に対して徹底的に抗戦《こうせん》。数年をかけてジワジワとシェアを伸ばした結果、ついに大資本が音《ね》を上げたのだ。「このままでは撤退に追い込まれる」と危機感をもった大資本は、再び合併交渉を打診。今度は、日本人事業家が「51％の株式」を保有することを認め、あっさりと合意に至ったのだ。

絶対に「戦う姿勢」を失ってはならない

いかがだろうか？

交渉決裂が「交渉プロセス」の一部になりうることをご理解いただけたのではないだろうか。日本人事業家は「51％以上の株式保有」という条件を譲歩することなく、交渉決裂を通告。徹底抗戦に打って出ることで、最終的に自分が求める条件を満たす合意を獲得したのだ。

もちろん、日本人事業家は、最終的に合意にこぎつけることをめざして戦ったわけではない。あくまで、「この事業を成功させる」という目的を達成するために戦ったのだ。だから、大資本が再び合併交渉を持ちかけてきたのは、いわば「棚からぼた餅」。しかし、戦い続けたからこそ、その「餅」は落ちてきたのだ。

ここで私が思い出すのは、19世紀プロイセンの軍人であるクラウゼヴィッツの古典的名著『戦争論』の一節だ。

「戦争は単に一つの政治的行動であるのみならず、実にまた一つの政治的手段であり、政治的交渉の継続であり、他の手段による政治的交渉の継続にほかならない」（清水多吉訳、中公文庫）。

要するに、交渉と戦争は「地続き」のものというわけだ。「交渉は究極的には戦いである」と言い換えることもできるだろう。実に本質をついた指摘だと思う。ビジネスと政治を同列に語ることはできないが、「交渉は究極的には戦いである」という点では同じだと思うからだ。

交渉とは「合意に達することを目的に討議すること」であるが、そのような討議を行うのは、あくまでもお互いが「自分の目的」を実現するためだ。いわば、交渉とはエゴイズムのぶつかり合いであり、「戦い」にほかならないのだ。

交渉において大切なのは、この認識である。

交渉は合意することがゴールではない。

あくまでも「自分の目的」を達成することがゴールなのだ。

もちろん、交渉の場では、相手の立場に配慮をして、誠実かつ協調的に討議しなければならない。しかし、決して「戦う姿勢」を失ってはならない。それを失ったとき、確実に不利な交渉を強いられることになるのだ。

02

相手に勝つ必要はない

交渉における「勝利」とは「自分の目的」を達成すること

交渉における「勝利」とは何か？

交渉には勝たなければならない――。

これは真理である。

「勝つ」ために交渉を行うのであって、はなから「負ける」と思うのであれば、交渉のテーブルにつく必要がない。「負ける」のがわかっていて、交渉のために膨大な労力を費やすのは愚かと言うべきだろう。そして、交渉のテーブルにつくからには、絶対に勝たなければならないのだ。

ただし、ここで勘違いをする人が多い。

「勝つ」ことを、相手を打ち負かすことだと勘違いしてしまうのだ。

人間には闘争本能がある。交渉の場で相手とツノを付き合わせることによって、その本能が刺激されるのだろう、「相手に勝たなければならない」「相手を打ち負かしたい」といった感情にとらわれてしまうのも自然な反応かもしれない。


しかし、これは危険だ。

むやみに攻撃的になれば、相手は態度を硬化させるだけだからだ。相手の譲歩を引き出すどころか、より手厳しい抵抗を受ける結果を招くだけである。

そもそも、交渉とは「自分の目的」を達成するために行うものだ。「相手に勝つ」「相手を打ち負かす」ために交渉を行うのではない。「自分の目的」を達成したときに、「交渉に勝った」ことになるのだ。

「相手を打ち負かそう」とする者は扱いやすい

むしろ、こちらを打ち負かそうとする相手は扱いやすいものだ。

かつて、こんなことがあった。

仕事上、私にもちょっとしたミスがあったために、ある人物とちょっとしたトラブルになったときのことだ。

その人物は、私にクレームをつけるために、上司を伴って私の事務所を訪れた。おそらく、私と進めている仕事に遅れが生じていることが、社内で問題になっていたのだろう。トラブルの原因をつくったのが私であることを上司に理解させるために、自分の落ち度を棚に上げて、私を一方的に非難し始めた。

ひととおりの話を聞いた私は、自分の落ち度については謝罪したうえで、解決策を提示するとともに、相手の仕事の進め方について改めてほしい点も伝えた。あくまで、今後の仕事をスムースに進めるためだったのだが、これが相手を刺激した。

彼は、私を言い負かすために反論を始めたのだ。

しかし、自分の落ち度を認めないのだから、その主張には無理がある。やむを得ず私が反論を加えると、今度は、私の言葉尻をとらえて難癖《なんくせ》をつける。こんな調子だから、徐々に彼の主張の辻褄《つじつま》が合わなくなるのも当然だ。

なぜ、彼は「自滅」したのか?

腹立ちを覚えなかったと言えば嘘になる。

ただ、私はあくまで穏やかなスタンスを維持した。「窮鼠猫《きゅうそ》を噛む」というように、相手をあまり追い詰めると、こちらも痛手を負うことが多いからだ。そこで私は、彼の発言の矛盾を静かな口調で指摘。上司も「冷静に話し合おう」と口を挟み、ようやく彼は口を閉ざした。

翌日、上司から私に電話があり、部下の非礼を詫びるとともに、以後、その仕事は上司本人が担当すると告げた。

つまり、彼は墓穴《ぼけつ》を掘ったのだ。私を言い負かすことを目的にしたことによって、発言に矛盾が生じたために、味方であるはずの上司の不信を買い、自滅したわけだ。仕事を軌道に乗せることを目的に話し合えばよかったものを、と後味の悪い思いをしたものだ。

交渉プロフェッショナルは「負けて〝実《じつ》〟をとる」

あるいは、こんなこともあった。

私のクライアントに過失があったために、ある企業との間でトラブルが発生したときのことだ。

相手企業は損害賠償も要求してきたが、何よりも求めていたのは謝罪だった。どうやら、相手企業のトップは、私のクライアントに謝罪させること（つまり、屈服させること）で、自身の権威を示すことが最大の狙いのようだった。

一方、私たちは、訴訟は避けたかった。

できるだけ低い賠償金で和解したかったのだ。そこで、相手企業の「狙い」を利用することにした。代理人である私の口からこう告げたのだ。

「クライアントは賠償に応じる意向はある。しかし、謝罪するのはクライアントにとっても重い問題だ。説得するのは難しい」

損害賠償について歩み寄る姿勢を示しつつ、相手の「狙い」を牽制《けんせい》したわけだ。相手も訴訟は避けたいのが本音なのはわかっていた。しかし、トップの意向を満たさないまま和解するのも難しい。だから、相手側の代理人が「何があれば謝罪できる？」と聞いてくるはずだと踏んだのだ。

この狙いは的中した。

私が、「賠償金額をここまで減額できれば、クライアントを説得する自信がある」と伝えると、相手は「その条件でトップを説得してみる」と応諾《おうだく》。その後、賠償金額については駆け引きが行われたが、当初の相手側の言い値からは大幅な減額となった。こうして、私たちは、謝罪と引き換えに、比較的簡単に「自分の目的」を達成することができたのだ。

もちろん、謝罪したということは「負け」を認めたということにほかならない。しかし、謝罪はタダ。いわば、〝元手ゼロ〟で賠償金の大幅減額という「実《じつ》」を取ったのだ。「負けて勝つ」とは、まさにこのこと。相手企業のトップも目的を達成したわけだから、よい交渉だったのではないかと思う。

「負けて勝つ」という戦略

もうひとつエピソードをご紹介しよう。

あるメーカーが販売している製品について、そのライバル企業から「特許侵害訴訟」を仕掛けられ、私が訴訟代理人のひとりに任命されたときのことだ。ライバル企業は「多額の損害賠償」と「販売差止」を要求していた。状況は不利。特許侵害については、完全に反証するのは難しい状況だった。

そこで、私たちは訴訟戦略を練り、こう結論づけた。「特許侵害」の認定で負けたとしても、現在市場に流通している製品の「販売差止」は絶対に回避する、と。できるだけ「損害賠償金額」を減額する努力はするが、「販売差止回避」を至上命題とする方針を確定したのだ。

なぜか？

「販売差止」は、その製品市場での〝死刑宣告〟に等しいからだ。

もちろん、損害賠償も痛いが、一定期間において得た利益の一部を原告に支払うことは致命傷にはならない。それを負担するだけの企業体力もある。

しかし、すでに市場にない製品の「販売差止」はまだしも、現在市場に流通している製品が「販売差止」となれば、私たちは市場シェアを一気にライバル企業に奪われることになる。そして、挽回《ばんかい》はきわめて難しいだろう。まさに致命的な問題なのだ。だから、私たちは「生き残る」ことを目的に、「販売差止回避」に注力することにしたのだ。

勝算もあった。

その製品に使われている特許は、専門家によると少なく見積もっても数万件はあるというが、私たちが侵害したとされる特許は、そのほんの一部にすぎないのだ。しかも、それらの特許は、ユーザーの購買行動を左右するほど重要なものとも思われなかった。

つまり、たとえそれらの特許を侵害していたとしても、そのためにユーザーが私たちの製品を選んだ（私たちがライバル企業のユーザーを奪った）とは言えないということだ。にもかかわらず「販売差止」にすれば、ユーザーが製品を選択する権利を損なうことになる。ここに争点を収斂《しゅうれん》させることができれば、特許侵害の認定は受けても、「販売差止」は回避できる可能性があると踏んだのだ。

表面的な「勝敗」にとらわれるな

結果、どうなったか？

判決では、いくつかの特許侵害が認定され、高額の損害賠償を課せられたが、「販売差止」は回避。もちろん、メディアは「敗訴」と書きたてた。たしかに私たちは損害賠償という痛手は負った。しかし、当初の戦略どおり、市場に流通している製品の「販売差止回避」という目的は死守したのだ。負け惜しみでもなんでもない。私たちは、最も重要な争点において「勝った」ということができるのだ。

もう一度、繰り返そう。

交渉とは、「自分の目的」を達成するための手段である。そして、「自分の目的」を達成することができれば、いかに「敗北」の形をとったとしても、それは間違いなく「勝利」なのだ。

いや、表面的な「敗北」を避けることを目的にすることこそが危険だ。もしも、私たちが、「裁判に勝つ」ことを目的にしていれば、「販売差止回避」という絶対に譲れない一線を守り切ることはできなかっただろう。その一点に、すべての力を集結させたからこそ、なんとか「販売差止回避」を勝ち取ることができたのだ。

「感情」は諸刃の剣である

交渉プロフェッショナルは「感情」を味方につける

まず「自分の目的」を明確にする

交渉とは、「自分の目的」を達成するための手段である——。

これが、私の定義である。

だから、交渉に臨むときに最も重要なのは、「自分の目的」を明確にしておくことだ。その交渉で、絶対に得たいものは何か？　それをはっきりさせなければ、交渉戦略・交渉戦術を打ち立てることができない。「自分の目的」を明確にすることが、交渉のスタートラインなのだ。当たり前のことと思われるかもしれないが、これが実際にはなかなか難しい。

その邪魔をするのが「感情」だ。

交渉とは、当事者間でなんらかの利害対立があるから行われるものであるため、そこに強い感情が生じているケースが非常に多い。その感情が理性を曇《くも》らせて、合理的に「自分の目的」を見極める力を奪ってしまうのだ。ネガティブな感情を解消することを目的化してしまい、本当に大切にすべき目的を見失ってしまうと言ってもいいだろう。

感情が「目的」を見失わせる

典型的なのが離婚交渉だ。

何度か知人から個人的に相談を受けたことがあるが、長年にわたって積もり積もった不満が爆発しているのだろう、「親権さえとれたら、お金も何もいらない。とにかくはやく別れたい」と訴える人が多い。「はやく別れる」ことが目的になってしまっているのだ。

しかし、離婚が避けられないのであれば、ほんとうに大切なのは、離婚後に子どもと幸せに暮らす経済基盤を確保することである。一時の感情に身を任せて「はやく別れる」ことを優先すれば、10年後、20年後に必ず後悔する。慰謝料や養育費などの問題についてしっかりと交渉する必要があるのだ。

だから、私が真っ先にするのは相手の感情をなだめること。そして、「子どもと幸せに暮らすためには何が大事？」「養育費はどうする？」などの問題について冷静な頭で考えてもらうように促すのだ。


これは、ビジネスでもよくあることだ。

弁護士である私に持ち込まれてくる案件は、何らかのトラブルにかかわるものだからなおさらだ。取引先の契約不履行に怒りを覚えていたり、多額の損害賠償請求を突きつけられてうろたえていたり、さまざまなケースがあるが、強い感情の影響下に置かれていることが多い。

そして、その感情が交渉の目的を見失わせる。

たとえば、本来、取引先に契約履行させるのが目的であるはずなのに、怒りにとらわれるあまり、むやみに懲罰的《ちょうばつてき》・報復的な要求を突きつけてしまう。その結果、取引先も態度を硬化させ、交渉が暗礁《あんしょう》に乗り上げてしまうのだ。

あるいは、多額の損害賠償請求をされたときには、その請求が妥当かどうかを検証したうえで、できるだけ請求額を下げることが目的であるはずだ。しかし、恐怖心が先に立って、コトをこれ以上荒立てないことが目的になってしまうことがある。その結果、自ら不利な状況を生み出してしまうのだ。

「感情」は交渉の原動力である

だから、感情にとらわれたまま交渉に臨んではいけない。

もちろん、人間だから何らかの感情にとらわれるのは避けられないことだ。自然に湧き上がってくる感情を否定しようとしたところで意味はない。交渉において100%冷静でいられる人間などいないのだ。

むしろ、強い感情が沸き起こっていることを肯定的に受け止めるべきだろう。なぜなら、感情こそが行動の原動力になるからだ。怒りがあるからこそ、相手との厳しい交渉を戦い抜くことができるのであり、恐怖心があるからこそ、万全の準備を整えて交渉に臨むことができるのだ。その意味で、感情は交渉の武器なのだ。

ただし、感情は諸刃《もろは》の剣である。

感情にとらわれたときに、交渉における「自分の目的」を見失ってしまう。そして、必然的に不利な交渉に陥ってしまうのだ。

だから、私がいつも意識しているのは、自分のなかにある感情はそのままに、それを理性的に観察するポジションに立つことだ。「自分は怒っているのだな」「自分は脅えているのだな」と客観的に自分を見つめることを意識するのだ。

感情はそのままに「距離」をとる

そのために必要なのは「待つ」ことだ。

ある心理学の実験で、怒りは発生直後にピークを迎え、その後、時間の経過とともに急速に沈静化していくことが明らかにされている。これは、おそらく他の感情にも共通することであろう。

重要なのは、ピークにある感情をコントロールするのは不可能だということだ。そして、その間に、何らかの判断や行動をしたときには、「自分が本当に大切にすべき目的」を損ねてしまう可能性がきわめて高い。

だから、その間にできることは、とにかく条件反射的に何らかのアクションを起こすのを我慢することだけ。そして、感情が徐々に沈静化していくのを「待つ」のだ。私の経験では、少なくとも一晩は寝たほうがいい。一晩寝るだけでも、かなり感情は収まっているはずだ。

もちろん、感情を引き起こした原因を解消しなければ、その感情が消えることはないが、「自分は怒っているのだな」「自分は脅えているのだな」と客観的に自分を見つめるだけの余裕は生まれるだろう。それまでは、その出来事に対する一切の判断を禁止するのだ。

「客観的な視点」に近づく最善の方法

そのうえで、信頼できる人物に相談するのがいいだろう。

自分が遭遇した出来事を伝えるとともに、それによって引き起こされた感情を打ち明けるだけで、気持ちはかなり落ち着くはずだ。

ただし、むやみに自分の感情に同調する人物（〝仲良し〟と言ってもいいかもしれない）は避けたほうがいいだろう。そのような人物を相手にすると、下手に感情を増《ぞう》幅《ふく》させかねないからだ。それよりも、冷静にあなたの話を受け止めてくれる人物を選ぶべきだ。

そして、どのように対処すべきかについて意見してもらうといいだろう。

どんなに自分が置かれている状況を客観的に見ようと心がけたとしても、100％客観的になることができる人間はいない。客観的な視点に近づくためには、信頼できる第三者（交渉案件に利害を持たない第三者）の「見方」に触れるのがベストの選択なのだ。

こうして、「待つ」「相談する」という手順を踏めば、感情からある程度の距離をとって、冷静にモノを考えられるようになっているはずだ。

それまでは、絶対に交渉のスタートラインに立ってはならない。「何を目的に交渉するのか？」「そのために、どのように交渉するのか？」を考えるのは、それからなのだ。

04

まず「交渉決裂ライン」を決める

「合意できる条件」から考え始めてはいけない

The Weapons of Negotiation

「あれもこれも」ではつけ入る隙を与える

交渉に臨むときには、何よりも冷静になることが重要だ。

「怒り」や「恐れ」などの感情にとらわれたままアクションを起こせば、自分が望んでいない事態を引き起こすだろう。感情から離れて理性的になる。そのうえで、冷静に自分が置かれている状況を見極めながら、「何を目的に交渉するのか？」「交渉で何を得るのか？」を考えなければならない。

とはいえ、これは決して簡単なことではない。

私のもとを訪れたクライアントに「交渉の目的は何ですか？」「交渉で何を得たいですか？」と尋ねると、多くの人は言葉に詰まる。確信をもって「これだ」と答えることができるのはほんの一握り。多くの人々が、「あれも大事、これも大事」と焦点が定まらないのだ。

もちろん、交渉において争点になるテーマはどれも大事だ。お互いにとって大事なことだからこそ、争点になると言うべきだろう。だから、「あれも大事、これも大事」となるのも、当然といえば当然のことではある。

しかし、これでは交渉にならない。

交渉には相手がいる。駄々っ子のように「あれもほしい、これもほしい」と訴えても通らない。むしろ、相手から「話にならない」と交渉決裂を突きつけられるのがオチだ。そして、交渉決裂にうろたえているのを見破られれば、「この条件を飲めば、交渉に応じる」と、その心理を利用される結果を招くだろう。「あれも大事、これも大事」では、相手につけ入る隙を与えるだけなのだ。

「絶対に譲れないもの」は何か？

交渉のプロセスに「譲歩」は不可欠だ。

利害が対立している両者が、一切の譲歩なく合意に至るのは不可能。相手の生殺与《せいさつよ》奪《だつ》を握るほどの強者であれば、一方的に要求をゴリ押しすることもできるだろうが（それを交渉と呼ぶべきではないが……）、通常の交渉においては、お互いに「譲歩カード」を交換しなければ、両者が納得できる「落としどころ（合意点）」を見出すことはできない。

そのためには、漠然と「あれも大事、これも大事」と考えるのではなく、自分が求めることの優先順位を明確にしておかなければならない。重要なのは、「絶対に譲れないもの」と「譲歩してもよいもの」を切り分けることだ。そして、「絶対に譲れないもの」を守るために、「譲歩してよいものを」を「譲歩カード」としていかに活用するかを考える。これが、交渉戦略の基本なのだ。

だから、まず「交渉決裂ライン」を決めることから始めるべきだ。

頭のなかで漠然と考えていても優先順位はなかなか見えてこないから、ぜひ、「大事なこと」をペーパーにリストアップしてほしい。そのうえで、「交渉決裂ライン」＝「絶対に譲れない一線」をどこに引くかを考えると、優先順位が自然と整理されてくるはずだ。そして、「交渉決裂ライン」を引くことができれば、「譲歩カード」として使えるものも明確になるだろう。

シンプルなケースで、シミュレーションしてみよう。

たとえば、あなたがフリーランサーだとする。

ある企業から仕事の依頼が来たが、「短納期（1ヶ月）」「低予算（30万円）」での依頼だから、そのままの条件で受けるわけにはいかない。この仕事を「短納期」で仕上げるために、すでに引き受けている他社の仕事を遅らせたくないし、安易に「低予算」を受け入れていたら生活に響く……。この場合、「交渉決裂ライン」をどこに引けばいいだろうか？

結論は、状況によって変わってくるだろう。

たとえば、近々、あなたが大きな出費を迫られているとしよう。

その場合には、本当はその仕事を引き受けたくはなかったとしても、そうは言っていられない。「お金のため」と割り切って、引き受けたほうがいいと判断するだろう。とはいえ、「予算30万円」では赤字になりかねない。つまり、この場合には「予算増」が交渉目的となるわけだ。

こうして「目的」がはっきりすれば、「交渉決裂ライン」も明確になる。すでに引き受けている他社の納期を調整すれば、1ヶ月半納期ならばなんとか間に合わせられそうだ。ただし、一般的な相場を考えると、最低でも40万円はほしいところだ。であれば、「交渉決裂ライン」は、「納期1ヶ月半」「予算40万円」と設定することになるだろう。

「選択肢」を与えて有利な状況をつくる

そのうえで、「納期」を譲歩カードにしつつ、「予算」の増額を迫る。
たとえば、依頼主に「納期2ヶ月であれば間に合う」と少し高めの条件を持ちかけてみる。そして、相手が「もう少しなんとかならないか?」と言ってきたら、「難しいが、調整してみよう」と譲歩姿勢を示すかわりに「予算増額」を求めるのだ。相手も断られれば困るはずだから、増額に応じる可能性が高いだろう。

あるいは、相手に選択肢を示すのもいいだろう。
たとえば、「2ヶ月ならば40万円」「1ヶ月半ならば50万円」などと複数案を示すのだ。おそらく相手は、「1ヶ月半でお願いしたいが、50万円は厳しい」と言う可能性が高いだろうが、40万円を下回る条件で折り合うのはかなり難しいと考えるはずだ。そこで、「では、1ヶ月半で45万円。これがギリギリだ」と伝えれば、有利な状況に持ち込むことができるだろう。

もしも、相手が40万円以下の予算を提示したら、交渉決裂と判断すればいい。それを受けて、相手が折れてくれれば儲けものだ(なお、納期1ヶ月半は物理的な制約条件だから、それで相手が〝NO〟と言えば、自動的に交渉決裂となる)。

「合意できる条件」から考え始めてはいけない

別の状況でも考えてみよう。

仕事を依頼してきた担当者が、長年お世話になってきた人物であればどうだろうか？　本当は引き受けたくないが、彼との関係を壊したくないと考えるはずだ。しかも、相手に「困ってるんだ。助けてほしい」と頼まれたのであれば、恩を売ることで、今後、条件のよい仕事を依頼してくれるかもしれない。この場合には、「人間関係の強化」が交渉目的となるだろう。

であれば、「交渉決裂ライン」は、物理的な条件である「納期1ヶ月半」だけにしてもいいかもしれない。ただし、その条件で合意した場合には、「本来は30万円では引き受けられない仕事だ。今回は特別だからね」などと釘をさすとともに、さりげなく恩に着せておくべきだろう。

このように、「交渉決裂ライン」は状況によって変わってくる。

重要なのは、自分が置かれている状況を見極めて、「交渉の目的」を明確にすることだ。「交渉の目的」をはっきりさせれば、おのずと「交渉決裂ライン」も明確になる。そして、「絶対にゆずれないもの」と「譲歩してよいもの」を整理することができれば、「譲歩カード」を使って「交渉の目的」を達成する戦略も見えてくるのだ。

こう言ってもいいだろう。

「合意できる条件」から考え始めてはいけない、と。

なぜなら、相手の出方次第で「合意ポイント」はいかようにも変化するからだ。そのようなあやふやな見通しのもとに交渉を始めてはいけない。「絶対に譲れない一線」を明確にして、それを死守するために「譲歩カード」を切る。そのプロセスで「合意ポイント」が見つかれば合意すればよいし、場合によっては交渉決裂を選択する。これは、あらゆる交渉に共通する基本的な原則なのだ。

05

「交渉決裂ライン」は死守する

「この一線は絶対に譲らない」と腹をくくる

交渉において「最強のカード」とは？

交渉において最も強いカードは「交渉決裂」である。

トランプで言えば、ジョーカーのようなものだ。

どんなカードを出しても、ジョーカーには敵《かな》わない。だから、このカードをもたない者は圧倒的に不利な交渉を強いられる。いつジョーカーを出されるかと、戦々恐々《せんせんきょうきょう》としながらゲームをしなければならない。そして、このカードを切られないように、より多くの譲歩を飲まざるを得なくなるのだ。

とはいえ、手札がよい者が必ずしも勝つわけではないのが、トランプというゲームだ。たとえ、ジョーカーをもっていたとしても、その使い方が下手だとゲームには勝てない。これは交渉も同じだ。交渉決裂というカードをどのように使うかで、交渉の巧拙《こうせつ》は大きく左右されるのだ。

「この一線は絶対に譲らない」と腹をくくる

では、このカードをどう使えばいいのか？

大きく2つある。第一の使い方は正攻法だ。

つまり、誠実に交渉を続けた結果、どうしても「自分の目的」が達成できないことが明らかになったときに使うのだ。いわば、最後通牒《さいごつうちょう》。こちらとして絶対に譲れない一線を示して、「この条件が飲めないのならば、交渉は決裂だ」と通告して、相手に“Yes or No”の二択を迫るのだ。

ここで重要なのは、「この交渉は決裂してよい」と腹をくくることだ。本気で交渉を終わらせる覚悟を固めておくことが不可欠なのだ（そのためには、交渉決裂後の選択肢を用意しておくことが重要だ)。

もちろん、最後通牒を突きつけた結果、それまで頑《かたく》なに譲歩を拒絶していた相手が折れることもあるが、それを期待して、「交渉を終わらせる」という覚悟を固めないまま、このカードを切るのはあまりにも危険だ。

もしも、相手が「わかった。こちらは、それでいっこうに構わない」と応じれば、一気に窮地《きゅうち》に立たされるからだ。「いや、そんなつもりではなかったんだ」などと言おうものなら、相手は足元を見て、さらなる譲歩を強気で求めてくるだろう。

むしろ、こう考えるべきなのだ。

交渉とは、このカードがいつ切られるか、お互いに腹を探り合いながら続けられるゲームである、と。その意味では、このカードを使わないことで、相手を牽制《けんせい》する効果があるとも言える(本当はこのカードはもっていないのに、もっていると思わせるのもワザのうちだろう)。

そして、いざこのカードを使うときには、不退転《ふたいてん》の覚悟を決めて使う。どんなに相手が強者であっても絶対に譲歩しない。その覚悟を固めることが大切だ。交渉では、必ず、相手はエゴイズムを押し出してくる。特に、強者はそうだ。そのプレッシャーに負けないためには、「この一線を越えたら、交渉決裂だ」という覚悟を決めておかなければならない。これが、このカードを使うときの原則だ。

相手の「ブラフ」を粉砕する

第二の使い方は、「ブラフ（はったり）」への対抗手段として使う方法だ。

交渉においては、相手がブラフをかけてくることがしばしばある。より多くの利益を得るために、〝ダメもと〟でブラフをかけてくるのだ。それを真に受けて交渉に入ると確実に損をする。そのような場合には、交渉決裂のカードを切って、相手のブラフを封じる必要があるのだ。

東南アジアの露店で買い物をしたことがあるだろうか？

私が買い物をしたときには値札がなかったので、店員と価格交渉をする必要があった。なかには、したたかに高い値段をふっかけてくる店員もいた。私は、それが悪いとは思わない。お金をもっている旅行者に、できるだけ高く買わせようとするのは、商売としては理にかなっている。とはいえ、むざむざ法外なお金を支払うわけにはいかない。

ここで大切なのは、いきなり価格交渉に入らないことだ。

相手が法外な価格をふっかけてきたときに、「その値段は高すぎる。この値段ならばどうだ」と、言い値の7割ほどの額をこちらから提案してしまう人がいるが、これでは言い値の8〜9割で手打ちとなるのが関の山。こちらは、その商品の相場を知らないのだから、店員の思うツボだ。

だから、このようなブラフをかけられた場合には、まず交渉決裂から入るのが定石《じょうせき》だ。「バカバカしい。そんな値段では買えない」という仕草で立ち去ろうとすれば、たいていの店員は「待て待て」と引き留めて、言い値の7割くらいで打診してくる。

おそらく、これでも利幅はたっぷり取ってあるはずだ。そこで、首をすくめて「論外だ」というそぶりで再び立ち去ろうとすれば、言い値の5割くらいまでは下げてくるだろう。相手がブラフをかけてきたときは、せめて、このくらいのことをしてからでなければ、交渉のテーブルについてはならないのだ。

ブラフを見抜いた者が「優位」に立つ

もっと大掛かりなビジネス交渉でも原理は同じだ。

私にもこんな経験がある。欧米企業から損害賠償請求を突きつけられた日本企業の代理人を務めたときのことだ。

トラブル内容の詳細を把握した結果、一定の損害賠償は避けられないケースだと判断。過去の同様の事例などを綿密に調べ上げて、もしも裁判になった場合に、どの程度の賠償金額が認められるか、その「相場観」を依頼主とも共有したうえで、相手の代理人と向き合うことにした。

相手有利な交渉だ。

どのくらいの賠償金を要求してくるのか、私は緊張しながらその場に臨んだ。しかし、相手の要求する金額を耳にして、思わず笑ってしまった。あまりにも高額すぎたのだ。

もちろん、それなりのブラフをかけてくることは予想していた。しかし、できる弁護士はストライクぎりぎりのボールを投げてくるものだが、彼のボールははるか頭上、キャッチャーも取れないような〝大暴投〟だったのだ。弁護士報酬は、請求金額に応じて支払われる。おそらく、自分の報酬を吊り上げるために、クライアントをけしかけたのだろう。実に愚かなことだ。

私が笑い出すと、相手は一瞬キョトンとしたのち、「何がおかしい？」といきり立った。

そこで私は、なおも笑いながら、即座に交渉決裂のカードを切った。

「バカバカしい。それでは交渉にならない。どうしてもその金額を要求したいなら、提訴すればいい。受けて立つよ」

そして、さっさと席を立ったのだ。

こちらの「相場観」は綿密な調査に基づいていたから、杜撰《ずさん》なブラフは簡単に見破れる。そして、見破られたブラフほど脆《もろ》いものはない。

予想どおり、相手方弁護士は、後日、大幅に減額した賠償金の請求を再提示。今度は、ストライク・ゾーンに入るボールだったので、私たちは交渉のテーブルにつくことにした。

そして、元来、相手優位の交渉だったにもかかわらず、愚かなブラフをかけてくれたおかげで、私は常に精神的に優位性をもちながら交渉にあたることができた。その結果、依頼主に満足してもらえる合意を獲得することができたのだ。

［第2章］

弱者の交渉戦略

06

強者の「心理戦」に負けない方法

目の前の交渉に〝一点張り〟してはいけない

The Weapons of Negotiation

強者と対等に交渉する鉄則

まず「交渉決裂ライン」を決める。

そして、この一線は絶対に譲らない。

この覚悟を決めることが交渉の第一歩である。ただし、この覚悟は単なる精神論ではない。重要なのは、その交渉に〝一点張り〟しないことだ。繰り返すが、交渉は「自分の目的」を達成する手段にすぎない。もしも、これから行う交渉が決裂したとしても、他の手段で「自分の目的」を達成できればいいのだ。

だから、交渉に臨む前に、プランA、プランB、プランCと複数の選択肢を用意しておくことが重要だ。これができれば、目の前の交渉が決裂することをむやみに恐れる必要がなくなる。心に余裕が生まれ、覚悟も決まる。交渉が厳しい局面を迎えても、冷静に対応し続けることができるのだ。

前に紹介した日本人実業家もそうだった。

彼は、激しく競合する企業から合併の打診を受けた。安値競争でお互いに傷ついているから、その提案は〝渡りに船〟だった。しかし、その市場では、日本人実業家がシェアトップだったとはいえ、相手は世界的な大資本。強者を相手にする合併交渉だった。

そこで、彼は、交渉に入る前に、「51％以上の株式保有」などの「交渉決裂ライン」を明確にするとともに、交渉が決裂した場合の選択肢も用意した。ひとつは、単独で戦い抜くという選択肢。もうひとつは、別の企業と合併するという選択肢である。

前者を選択した場合には、苦しい戦いは強いられるが、シェアトップ企業の強みを活かせば生き残れると判断。後者については、候補となる企業と接触をして感触を確認していた。つまり、大資本との合併をするのがベストの選択肢ではあったが、第2、第3の選択肢でも「自分の目的」は達成できる状態を確保したうえで、交渉に臨んだわけだ。

だからこそ、彼は、大資本とも対等な交渉ができた。そして、どうしても「51%以上の株式保有」が認められないことがはっきりしたときに、決然と「交渉決裂カード」を切ることができたのだ。

トランプ大統領の「交渉戦略」

逆に、この覚悟がなければ不利な交渉を強いられるだろう。

特に、強者との交渉では手玉に取られかねない。なぜなら、強者は心理的な揺さぶりをかけてくるからだ。その典型がアメリカ大統領のドナルド・トランプ氏である。彼の外交交渉を見ていると、圧倒的な国力を背景に「相手のペースを乱し不安に陥れる戦略」を一貫して取っていることがわかる。

たとえば、2017年6月、彼は地球温暖化対策の国際枠組み「パリ協定」からアメリカが離脱すると発表した。地球温暖化はでっち上げだと騒ぎ立て、パリ協定はアメリカにとって不公平な協定だと異議を唱えたのだ。

いわば、彼は「交渉決裂カード」を切ったわけだが、その結果、多くの国々の要人は困惑した。大国アメリカが離脱すれば、地球温暖化対策も〝絵に描いた餅〟になりかねない。描いてきた青写真が崩される事態を前に、不安に陥れられたのだ。

しかし、彼は本気で離脱するつもりではないはずだ。実際、その後、トランプ大統領は「アメリを不当に扱っている協定内容が修正されれば、ことによってはパリ協定への復帰も考えられる」と発言。関係国は安堵《あんど》するとともに、妥協案を模索している……。

これは、彼の常套手段《じょうとうしゅだん》だ。

先制パンチを食らわせて、不安にさせる。

相手を非常事態に追い込んで、混乱を引き起こす。

これは、単なるブラフではない。なぜなら、他国を圧倒する国力を背景にしているからだ。むしろ、自分が「強者」であることを誇示しているというべきだろう。

そして、パワーで威圧することによって、相手を支配下においていて、意のままにコントロールしようとする意図が透けて見えるのだ。

混乱に陥れられた相手は、「これまでの利益を失ってしまうのではないか？」と不安になる。そのマイナスをせめてゼロまで戻そうと妥協案を提示して、なんとか合意を取り付けて「何も得られないよりもよかったはずだ」と安堵する……。しかし、ふと我に返ったとき、これまでよりも不利な状況に陥っていることに気づくのだ。

つまり、トランプ大統領は、相手の心のなかに「不安」「混乱」を生み出すことで、交渉を有利に運ぶ戦略を徹底しているのだ。

強者は「不安」「混乱」を利用する

その交渉手法を批判する人々もいる。

私も、決して肯定するわけではない。

しかし、これまでグローバル・ビジネスの最もシビアな交渉の現場に立ち会ってきた私に言わせれば、これはトランプ氏特有の手法ではない。強者とはそういう存在だと思っておいたほうがいい。彼らの中には、パワーで威圧することで、相手を支配下に置こうとする者がいる。そして、自らの要求を達成しようとするのだ。

彼らが狙いを定めているのは、こちらの心理である。威圧することによって、「不安」「混乱」を生み出す。その心理に乗じて「不合理な判断」＝「本来なら必要のない譲歩」を引き出そうとするのだ。この策略に乗せられてはならない。どんな威圧を受けても、それに反射的な反応をしてはならない。どこまでも冷静な判断力を失ってはならないのだ。

そのために必要なのは、精神力ではない。この交渉が決裂しても、「自分の目的」を達成する選択肢をもっておくことなのだ。強者と交渉に向かうときには、絶対に忘れてはならない鉄則と言ってもいいだろう。

07

「点」ではなく「線」で考える

「交渉決裂」できないときは交渉を避ける

「戦い」を避けるべきときもある

強者との交渉には、覚悟が必要だ。

そのためには、交渉が決裂しても「自分の目的」を達成する選択肢をもっておくことが不可欠である。それさえあれば、相手がどんなに強者であっても、「不本意な譲歩」を強いられることはない。

しかし、もちろん、それが不可能なときもある。

私のもとにも、そのような立場に置かれた人々からの相談が持ち込まれる。

たとえば、下請け企業だ。世界的なブランドを確立している大企業から仕事を受注しているが、毎年のように発注価格の減額を求められる。これ以上減額に応じていたら、赤字転落も近い。しかし、相手は圧倒的な強者。減額要求を拒めば、発注を取りやめると一歩も引かない。

しかも、下請け企業の受注額の大半は、その大企業からの仕事が占めているため、発注を取りやめられると間違いなく倒産する。それでは、「交渉決裂カード」は使えない。減額要求を飲む以外に選択肢はないのだ。このような場合に、「戦い」を挑むのは無謀と言うべきだろう。

どんなに劣勢でも「交渉」の余地はある

しかし、交渉そのものをあきらめる必要はない。

減額要求は飲まざるを得ないとしても、条件交渉は可能だからだ。別の項目で詳しく説明するが、どんなに弱い立場にあったとしても、必ずなんらかのパワーはある。

そのパワーをうまく使えば、減額幅を圧縮する交渉は可能なのだ。

たとえば、その下請け企業には、これまで安定的に受注品を製造・納品してきた実績がある。発注企業にすれば、それを継続してもらうほうが望ましいのは言うまでもないことだ。万一、下請け企業を取引中止にすれば、新しい下請けを探さなければならないし、その新しい下請けが安定的に製造・納品できるようになるまでには、それなりの時間と手間を要する。できれば、それは避けたいはずなのだ。


ここに、わずかとはいえパワーが生まれる。

下請け企業は、「交渉決裂カード」を使うことはできないものの、このような言い方で減額幅の圧縮を迫ることはできるのだ。

「減額できるように誠実に努力したい。しかし、我々としても、このままでは赤字を余儀なくされる。そうなれば、製造設備のメンテナンス、リニューアルができなくなるだろう。そのために、御社に迷惑はかけることは避けたい」

このような申し出があれば、強者も「それでかまわない」とは言いにくいはずだ。どんなに劣勢であっても、交渉の余地は必ずあるのだ。

覚悟をもって〝屈従〟するという選択

とはいえ、そのような交渉に限界があるのも現実だ。

私自身、何度も目の当たりにしてきたことだが、容赦ない強者も多い。

特に、グローバル企業のなかには、強者の論理を一方的にゴリ押しして、下請け企業の要請に聞く耳をもたない企業もあるのだ。その場合には、「減額幅の圧縮」すら断念せざるを得ないかもしれない。

私は、それもやむを得ない判断だと思う。

このような状況に置かれた下請け企業の目的は「生き残る」ことである。そのためには、たとえ第三者からは〝屈従〟と見える判断であっても、その現実を冷静に受け入れるほかない。

ただし、それが交渉の終わりではない。

時間はかかるかもしれないが、下請け企業が「交渉決裂カード」を切れるだけのパワーをつければ状況を変えることができるのだ。

徐々に取引先を増やして、その発注企業一社に売上を依存する状態から脱することをめざしてもいい。あるいは、オリジナルの技術をつくり上げて、オンリーワン企業になることをめざしてもいいだろう。それができれば、どんな強者が相手であっても、「交渉決裂カード」を切ることができるようになる。そして、理不尽な要求をはねのけて、対等な交渉を行うことができるのだ。

「点」ではなく「線」で考える

だから、私はこう考えている。

交渉は「点」ではなく「線」で考えるべきだ、と。

目の前の交渉（＝点）に勝つことだけが、交渉ではない。「交渉決裂カード」を切ることができない場合には、あえて〝屈従〟の道を選んでも「生き残る」ことを選択すべきだ。私は、それも覚悟のひとつだと思う。

そのうえで、自らのパワーを増強することに専念する。「交渉決裂カード」を自らの力でつくり出すのだ。そのプロセスも、交渉の一部。第三者には〝屈従〟と見えても、それは「戦い」の継続なのだ。そして、再び、理不尽な要求を突きつけられたときには、「交渉決裂カード」を武器に毅然《きぜん》とした交渉を行う。これも、立派な交渉プロセスだと思うのだ。

08

弱者にも必ず「パワー」がある

「理屈にならない理屈」と「弱点をパワーにする〝奥の手〟」

弱い立場でも「言いなり」にならない

交渉にはパワーバランスが大きく影響する。

たとえば、あなたの会社が発注者に納品した部品に不備があったとする。そのために被害を被った発注者は、すぐに対応策を協議したいと強い調子で要求。発注者のもとに駆けつけると、「なぜ、このような不備が起きたのか、詳細なリポートをすぐに提出すること」「大至急、つくり直した部品を納品すること」「損害賠償をすることなどの要求を突きつけられた。

このような場合には、発注者のパワーが圧倒的に強いのは言うまでもないだろう。彼らが突きつけた要求を拒むことは難しい。道義的に考えても、誠実に謝罪をしたうえで、すぐに対応策をとらなければならないのは言うまでもない。

ただし、だからと言って、「言いなり」になる必要はない。

あまりにも理不尽な要求については、交渉によって押し返すべきだ。そして、それはある程度は可能なのだ。なぜなら、交渉においてどんなに弱い立場に置かれていたとしても、必ず、何らかのパワーはあるからだ。

そもそも、なぜ、相手が交渉のテーブルについたのかを考えてみるべきだ。こちらに何のパワーもないのならば、相手はわざわざ交渉する必要がない。相手も、こちらにパワーを感じているからこそ、交渉する姿勢を示しているのだ。

だから、具体的な交渉に入る前に、必ず、自分がどのようなパワーをもっているのかを確認する必要がある。

自分にどんなパワーがあるのか？

それを探るためには、相手になりきって考えてみることだ。

先ほどのケースであれば、発注者が何よりも求めているのは、少しでもはやく製品を納入してもらうことであるはずだ。そして、それができるのは、あなたの会社をおいてほかはない。他の企業に切り替えようとすれば、部品のスペックから納期までイチから打ち合わせをする必要がある。その手間をかける余裕はないはずだ。

また、両社が長年にわたって取引をしてきたのであれば、発注企業の長期的な生産計画に、あなたの会社の生産能力が組み込まれているはずだ。であれば、彼らとしても、万一、取引関係に亀裂《きれつ》が入って、生産計画を見直す必要が生じるような事態は避けたいに違いない。

このように、相手になりきって考えてみれば、自分に備わっているパワーを見つけ出すことができるはずだ。そして、そのパワーをうまく利用すれば、相手の理不尽な要求に対抗する足がかりをつくることができる。多少なりとも有利な状況をつくり出すことはできるのだ。

「理屈にならない理屈」でパワーをつくる

パワーは見つけ出すだけではなく、つくり出すこともできる。

私が、ときどき使うのが「理屈にならない理屈」という手段である。

たとえば、私のクライアントの過失によって、損害賠償を請求されているとしよう。私が代理人となって、相手方の代理人である弁護士と交渉をするわけだが、もちろん立場は弱い。それでも、粘り強く交渉を続けることによって、あと一歩で賠償金額について折り合いがつけられるところまできた。しかし、もう少しだけでも賠償金を減額したい……。そのような局面で、こう相手に伝えるのだ。

「あなたが提示してくれた賠償金額は、過去の判例などに照らし合わせても妥当な範囲だと思う。だから、私としてはこれで手を打ってもいいと考えている。ただ、この金額では、クライアントがどうしても首を縦に振ってくれないんだ。私としても、これ以上、交渉がこじれるのは避けたい。なんとか力を貸してもらえないか？」

もちろん、「クライアントが首を縦に振らない」というのは、賠償金を減額する正当な理由にはなりえない。いわば「理屈にならない理屈」。悪く言えば、〝屁理屈《へりくつ》〟かもしれない。

しかし、交渉を成立させるためには、私のクライアントが納得しなければならないのも事実。こちら側としては〝NO〟と言う明確な根拠となる。

そして、相手側の弁護士も、これ以上交渉をこじらせたくないと考えている場合には、「しょうがないな。もう一度、うちのクライアントに掛け合ってみるよ」と請け合ってくれることもあるのだ。

ちなみに、一般のビジネスパーソンも、この作戦は使える。「上司のせい」「会社のせい」にすればいいのだ。私自身、若かったときに、上司から「困ったときには、僕のせいにすればいいからね」と言われたことがある。

もちろん、この手段を使うときには、クライアントや上司の了解を得ておく必要があるのは言うまでもない。それに、相手方の交渉担当者と誠実な交渉を積み重ねて、一定の信頼関係を構築しておかなければ、この手は通用しない。ただ、その条件を満たしている限りにおいて、「理屈にならない理屈」でパワーをつくり出すこともできるのだ。

弱点をパワーに変える〝奥の手〟

あるいは、自分の弱点を利用してパワーをつくることもできる。

たとえば、会社の資金繰りが悪化して、借金の返済が滞《とどこお》っているとする。債権者からは強く返済を求められているが、相手の要求通りに返済する余力はない。そこで、分割返済を提案するが、それも受け入れてもらえない。今すぐ返済しなければ、法的措置に出ると一歩も引かない……。

このような場合に活路を見出すためには、こう開き直るほかないだろう。

「もしも、強制的に債権を回収するなら、私たちは倒産するほかない。そうなれば、御社が回収できるお金はわずかなものだ。分割払いに応じてくれれば、必ず、利息をつけて全額を返済する」

いわば、〝奥の手〟のようなものだが、相手の強気な姿勢を押しとどめるだけのパワーがあるのも事実だろう。決して褒められた手段とは言えないが、絶体絶命の窮地《きゅうち》に立たされたときには、使えるものはなんでも使う覚悟で交渉にあたるべきだと、私は考える。

勝海舟の驚くべき「交渉力」

その意味で、勝海舟は凄味《すごみ》がある。

ご存知のとおり、彼は、明治新政府軍による江戸城総攻撃を食い止めるべく、西郷隆盛との交渉に臨んだ。圧倒的な武力を誇る新政府軍を相手にするのだから、立場は極めて弱い。まさに、絶体絶命の局面だ。

このとき、彼は驚くべき策略を用意していたという。幕府側としてぎりぎりの譲歩を示したうえで、それでも交渉が決裂して新政府軍が江戸城総攻撃に移ろうとしたときには、江戸市街に火を放ち、焦土と化す準備をしていたというのだ。

そのために、懇意《こんい》にしていた火消したちに、交渉決裂の知らせがあったら江戸中に火を放つよう指示するとともに、船頭たちに頼んで避難民をできるだけ救出する手立てを講じていたらしい。
幸いなことに、交渉は成立し、無血開城となった。しかし、私は想像する。もしも、西郷が交渉決裂を宣告して席を立とうとしたときに、勝が、この策略を囁《ささや》いたらどうなっただろうか、と。

江戸中が火の海になれば、新政府軍は進軍を阻まれることになるが、それ以上に深刻な事態を引き起こす。首都である江戸が焦土と化せば、植民地化を虎視眈々《こしたんたん》と狙う欧米列強の思うツボとなる。それは、西郷自身が最も避けたいことであったはずだ。であれば、勝の策略は、西郷の判断を押しとどめるに十分なパワーを備えていたに違いない。

勝はビッグマウスだったというから、これは史実ではないのかもしれない。
それに、戦争とビジネスを同列に語ることはできない。しかし、もしも本当にこのような策略を準備していたとすれば、実にすごいことだと思う。いや、ここから、私たちは学ぶべきだ。圧倒的に弱い立場に立たされて、絶体絶命の局面を迎えたとしても、相手の攻勢を押しとどめるパワーをつくり出すことはできる。交渉を最後の最後まで、あきらめてはならないのだ。

09

相手の「弱み」を利用する

「争点」に目を奪われず、「状況」を俯瞰的に把握する

事前調査を怠るのは〝自殺行為〟に近い

交渉は、事前の準備が非常に重要だ。

あらかじめ、交渉において必要な知識をインプットしておかなければ、交渉を有利に進めることはできない。知識の質と量で負けたときに、交渉に負けると言っても過言ではないのだ。だから、私は事前調査にできる限りの時間と労力をかけるようにしている。

調査するポイントは大きく2つある。

まず第一に、争点となるテーマに関する調査だ。

特許権を侵害された場合であれば、「特許侵害の事実」「自社の特許の有効性」「法律の規定」「類似ケースの判例」「賠償金額の相場」などについて、詳細に調査・分析しておかなければならないのは言うまでもないだろう。

この調査に「抜け漏れ」があれば、説得力に欠ける主張にならざるをえず、相手の反論に立ち往生するのは明らかだ。これを怠るのは〝自殺行為〟と言っても過言ではない。だから、相手方も万全の準備を整えて交渉に臨んでくると考えておいたほうがいい。「勝つため」というよりも「負けないため」に絶対に押さえておくべきポイントと言ってもいいだろう。

そこで重要になるのが、第二のポイントである。

交渉相手に関する情報をできる限り調べ上げるのだ。そして、「交渉相手がどのような状況に置かれているのか」を深く洞察《どうさつ》する。「相手が何を求めているか？」「相手が恐れているのは何か？」「相手の弱点は何か？」といったことが見えてくれば、交渉を有利にする戦略を立てることができるようになるのだ。

「相手が置かれている状況」がわかれば有利になる

身近なケースで考えてみよう。

たとえば、不動産業者と家賃交渉をするとしよう。

この場合、誰でも、希望する立地・間取りの相場を調べるだろう。相場を知っておけば、相場より明らかに高い物件について値下げ交渉をすることができるからだ。あるいは、不動産業者が示す物件資料をしっかり読み込むことも大切だ。現地確認に行ったときに、資料に書かれていないネガティブなポイント（たとえば、床に家具の跡がついていているなど）を見つければ、相手の言い値を値切る材料にできるからだ。

このように、「家賃」に関する情報を調べておくことは必要不可欠だが、これが交渉を決定づけるわけではない。より大きな影響を与えるのは、交渉するタイミングで「不動産業者がどのような状況に置かれているか？」である。

日本では、４月からの新生活に備え、３月は引っ越しシーズンだ。不動産業者にはマンションやアパート探しに、ひっきりなしに人が訪れる。そんなときに家賃交渉をするのは難しい。言い値で契約してくれる人がヤマほどいるからだ。

一方、11～12月は閑散期《かんさんき》である。

数週間にわたって空き部屋となってしまう物件も多い。大家は空き部屋を嫌う。一銭の金にもならないからだ。そして、不動産業者にとっての顧客は「借り手」ではなく「貸し手」だ。「借り手を見つけてくれないのならば、ほかの会社に委託しよう」と愛想を尽かされるのを恐れているはずだ。

だとすれば、この閑散期に狙いを定めたほうが有利なのは明らかだ。「家賃相場」などの情報を武器に交渉をすれば、家賃を下げても入居してもらったほうがよいと不動産業者は判断するかもしれない。賃下げが難しかったとしても、敷金・礼金を割り引くくらいのことはしてくれる可能性は高まるだろう。

あらゆる手段で「相手を知る」

これは、ビジネスの交渉でもまったく同じだ。

「相手が置かれている状況」を把握することができれば、交渉において優位に立つことができる。だから、私は交渉相手を調査するために、できる限りの時間と労力をかけるようにしている。

たとえば、有価証券報告書、新聞・雑誌の記事などを数年分遡《さかのぼ》るだけでも、相手企業がどのような歴史を辿り、現在、どのような状況に置かれているかを察知することは可能だ。あるいは、業界内の人脈を通じた情報も価値が高い。ありとあらゆる手段とルートを使って、交渉相手の調査をするのだ。

私も、ある情報を入手したことで、一気に優位に立ったことがある。

私のクライアントが特許を侵害されたために、欧米企業と交渉を始めることになったときのことだ。相手は、企業規模、資本力ともにクライアントを上回っていたため、難しい交渉になりそうだと思われた。

しかし、交渉準備を進めているときに、クライアントから一報がもたらされた。「相手企業が、水面下で大手と合併交渉を進めているらしい」という情報が、信頼できる業界筋から入ったというのだ。

あくまで「らしい」という不確定情報だ。ただ、それまでの調査で、近年、相手企業の業績が悪化の一途を辿っていることはわかっていた。経営危機とまでは言えないが、なんらかの手立てを講じなければならない状況ではあると推測できた。それだけに、その情報はかなり確度が高いと思われた。

相手の「弱み」を利用する

とはいえ、まだ噂の段階だ。真に受けてはいけない。

しかし、これが本当ならば交渉は明らかに私たちに有利だ。なぜなら、実質的に合併によって救済されるのは相手企業だからだ。であれば、特許侵害で訴訟に持ち込まれて、大きなトラブルを抱え込むのは是が非でも避けたいはず。こちらの要求を飲む可能性が高いということだ。

そこで、私は、情報の確度を確かめるために、交渉の場で強い要求をぶつけることにした。かなり高額の損害賠償請求を提示するとともに、これに応じないならば、すみやかに訴訟手続きに入ると突きつけたのだ。そして、相手の反応に目を凝らした。

こちらが提示したのは、かなり高額の損害賠償請求だ。

もしも、合併情報が偽りであれば、「冗談じゃない」と抵抗する姿勢を示すはずだ。しかし、彼らは動揺を隠せなかった。そして、損害賠償請求が過大であると反論を加えることに終始するだけで、訴訟の話には触れたがらなかったのだ。トラブルに発展するのを避けたがっているのは明らかだった。これで、私たちは確信を得た。合併情報は本当なのだ、と。

もちろん、その後の交渉は一貫して有利に展開。相手企業は賠償金を減額すべく粘ろうとしたが、「訴訟カード」をちらつかせれば、相手も強気には出られない。結局、異例のスピードで高額の損害賠償を勝ち取ることに成功。「相手の置かれている状況」を把握することで、圧倒的なパワーを手にすることができたのだ。

こう言ってもいいだろう。

交渉の争点にばかり目を奪われてはならない、と。

交渉の争点は、いわば〝局地戦〟である。そこにばかり集中するのではなく、「相手が置かれている状況」を俯瞰《ふかん》したうえで、大きな視野で交渉戦略を考えることが大切だ。

先ほどの例で言えば、「企業合併」は交渉の争点でもなんでもない。しかし、相手にとっては「企業合併」はきわめて重要なテーマであり、それが特許侵害に関する交渉にも大きな影響を及ぼすのだ。

［第3章］

「誠実さ」は武器である

10

「自然体」こそが最強である

交渉を決するのは「言葉の量」ではなく「言葉の重さ」

The Weapons of Negotiation

「牙」は隠し持つ

交渉とは「戦い」である――。

本書では、繰り返しそう述べているが、だからと言って、交渉の場でむやみと強がってみせたり、好戦的な姿勢をみせることをすすめているわけではない。むしろ、そのような姿勢は逆効果。相手の反感を買って、交渉を困難な状況に陥らせる結果を招くだけだろう。

もちろん、相手が理不尽な要求を突きつけてきたときには戦うべきだし、どうしても「自分の目的」を達成できないことが明確になったときには、毅然《きぜん》と「交渉決裂カード」を切るべきである。

しかし、そうした「牙《きば》」は、隠し持っておくべきものである。交渉の場では、あくまでも協調的な姿勢を徹底するのが鉄則。交渉とは、お互いの利害を調整することによって、お互いの「目的」を達成するために知恵を出し合う場であることを、絶対に忘れてはならないのだ。

〝弁護士〟のように話してはならない

私は、常々、若手の弁護士に「〝弁護士〟のように話してはならない」とアドバイスしている。専門用語を駆使しながら、相手を論破《ろんぱ》するような話し方をするな、ということだ。

法律専門家同士のディベートならば、それでいいかもしれないが、通常のビジネス交渉の場で、そのような話し方をしても、問題がこじれるだけ。できるだけ平易な言葉で、相手の感情にも配慮しながら、丁寧に話さなければ、同席者の理解を得ることはできない。

これは、一般のビジネスパーソンにも同じことが言える。なかには、まるで〝弁護士〟であるかのように、理論武装をして、隙あらば論破しようと身構えている人物もいるが、その必要はない。むしろ、私は、交渉の場にはできるだけ「自然体」で臨むほうが強いと思うのだ。

「自然体」こそが最強である

なぜ、「自然体」が強いのか？

理由は簡単である。

交渉の場では、さまざまな心理戦が行われる。「駆け引き」「誘導」「挑発」「警告」……。さまざまな心理的な揺さぶりをかけて、自分に有利な状況をつくり出そうとするのが交渉なのだ。そして、そのプロセスのなかで、必ず、どんな人もその本質的な性質を露呈《ろてい》する。素を見抜かれてしまうのだ。

どんなに理論武装をして強がってみせたところで、あの手この手で揺さぶられれば〝仮面〟は簡単にはずされてしまう。多少のことでは動じない「大物」を演じてみたところで、その演技もバレてしまうのだ。

そのとき、相手に弱点を差し出すことになる。

本来の自分以外の誰かを装っていたということは、精神的に未熟であることを示すことにほかならないからだ。要するに、侮《あなど》りを受けるのだ。そして、相手は精神的な優位性を武器に、交渉を有利な方向へ運ぼうとするだろう。

そんなリスクをとるくらいなら、「自然体」で交渉に臨んだほうがいい。

交渉に強いのは、堂々としていて、弁舌巧《べんぜつたく》みな人物というイメージがあると思うが、そのイメージを装うのは危険だ。それよりも、本来の自分で勝負するほうが、絶対に強いと思う。

気が弱くても、控えめでも、引っ込み思案でも、それが本来の自分であれば、何も恥じることはない。真面目な性格の人は真面目に、社交的な性格の人は冗談を交えながら話すスタイルでよい。「自分の目的」を達成するという強い意志と戦略さえあれば、どんな性格の人でも戦える。何者かを装う必要など一切ないのだ。

「無口な人」のほうが強い理由

いや、実際のところ、弁舌巧みに話す人が、必ずしも交渉に強いわけではない。むしろ、控えめで口数の少ない人のほうが強いと言ってもいい。なぜなら、口数が少ないからこそ、その発言の重要性が増すからだ。

それを痛感させられたことがある。

アメリカの陪審裁判《ばいしんさいばん》での経験だ。ご存知のとおり、アメリカでは、法律専門家ではない一般人が陪審員として判決をくだす。つまり、陪審員の心証が判決に大きな影響を与えるのだ。

その日は、数人の証人尋問が行われたのだが、そのなかで無類のパワーを発揮した証人がいた。きわめて「無口な証人」である。何しろ口を開く回数が少ないから、陪審員たちはみな、その証人が話す瞬間に集中する。「饒舌《じょうぜつ》な証人」の話は〝話半分〟に聞くが、「無口な証人」の話には100%の集中力で耳を傾けるのだ。

しかも、「無口な証人」は、大事なことしか口にしない。

それこそ1時間のうち5分くらいしか話さなかったと思うが、その「5分」が裁判にきわめて大きな影響を及ぼしたのだ。その影響力の大きさには、正直、驚かされた。〝Silence is golden〟という真理を、まざまざと見せつけられたのだ。

「言葉の数」ではなく「言葉の重さ」が大事

これは、交渉の場でも同じだ。

「弁舌巧み」と言えば聞こえはいいが、ペラペラとしゃべり続ける人の話は、実は、聞き流されているものだ。それよりも、口数が少ない人の発言のほうが、相手は真剣に耳を傾けてくれる。そして、その発言が的を射たものであれば、「百の言葉」を連ねるよりも、交渉に大きな影響を及ぼすのだ。

もちろん、社交的で多弁な人は、そのスタイルで交渉に臨んで一向に構わない。ただし、重要な局面を迎えたときに、今まで話していた態度、伝え方、話し方をガラッと変えて、「これから先は真剣な話をする」というスタンスに切り替える。そうすれば、無口な人と同等のインパクトを、相手に与えることができるだろう。

ともあれ、交渉を決するのは「言葉の数」ではない。

ここぞというときに発する「言葉の重さ」なのだ。

想像してほしい。

相手が自らの要求を弁舌巧みに主張し続けたとしよう。こちらは、押し黙って耳を傾けている。そのとき、相手は、自分が優勢に立っていると感じているかもしれない。しかし、それが理不尽な要求であれば、こちらとしてはただ一言、〝NO〟と言えば足りる。

理不尽な要求に対する反論の根拠が明確にあれば、その〝NO〟には力がこもるはずだ。その力さえ伝われば、相手はひるむ。その瞬間、弁舌巧みに披露した「百の言葉」の軽さが露呈《ろてい》するだろう。そして、〝NO〟という一言に込められた重さが、交渉の場に強い影響力を発揮するのだ。

11

相手により多く語らせる

相手の「真意」を把握した者が勝つ

「話す者」より「聞く者」が勝つ

交渉とはコミュニケーションである。

お互いの主張や意見を伝え合いながら、利害を調整するのが交渉なのだから、当然のことである。

ただ、ここで注意すべきことがある。私たちは、コミュニケーションにおいて、「相手に自分の主張をどう伝えるか」ということに注目しすぎるあまり、「聞く」ことをおろそかにしてしまいがちだからだ。

しかし、交渉で優位に立つのは、相手からより多くの情報を聞き出す者である。「相手の目的は何か?」「相手が絶対に譲れないものは何か?」「相手は何を恐れているか?」「相手は何に困っているのか?」……。そうした本音を知ることができれば、適切な対策を講じることができる。「彼を知り、己を知れば、百戦して危うからず」という孫子の言葉があるとおり、「彼を知る」ことが勝つ秘訣なのだ。

だから、交渉のコミュニケーションでは、「話す」よりも「聞く」ことを基本にするべきだ。相手を説得するためにむやみと自分の主張を訴えるよりも、相手の話に耳を傾ける。そして、相手により多くを語らせるのだ。つまり、「聞き上手」をめざしたほうが、交渉に強くなると言ってもいいだろう。

むしろ、弁舌巧みで饒舌《じょうぜつ》な人は注意したほうがいい。

「語るに落ちる」という言葉があるが、まさにそのとおりで、交渉において自分から話をするときには、うっかりと秘密にしておくべきことまで口にしてしまうものだ。トランプで言えば、自ら手札を見せているようなもの。それでは、ゲームに勝てるわけがない。トランプで勝つのは、相手の手札を察知した者なのだ。

交渉は「フェイス・トゥ・フェイス」が原則

ちなみに、コミュニケーションはフェイス・トゥ・フェイスで行うのがベストだ。もちろん、いつもフェイス・トゥ・フェイスで交渉をするのは困難だから、メールや電話も併用する必要があるのは当然のことだ。しかし、重要なテーマについてコミュニケーションを行うときは、できる限りフェイス・トゥ・フェイスで向き合うようにしたほうがいい。

なぜなら、フェイス・トゥ・フェイスでのコミュニケーションが、最も情報量が豊富だからだ。

人間は言葉だけでコミュニケーションを行っているのではない。相手の表情、仕草、その場の空気からも膨大な情報を受け取っている。相手の本音を探るためには、言葉だけではなく、そうした非言語的なコミュニケーションを取る必要があるのだ。

だから、フェイス・トゥ・フェイスでコミュニケーションを取るのが難しいときには、メールではなく電話を選択すべきだ。電話では、声の調子や息づかいから、相手の本音を察知することができるからだ。

不用意にメールを使うと「不利」になる

要注意なのがメールだ。

メールはテキスト情報だけだから、そもそも情報量が少ないというデメリットもあるが、それ以上に問題なのは、メールを書くときには、お互いにフェイス・トゥ・フェイスでは言いにくいような「強い要求」も書きやすいことだ。その結果、双方が態度を硬化させて、交渉が膠着状況《こうちゃくじょうきょう》に陥ってしまう恐れがあるのだ。

あるいは、メールは記録がいつまでも残るうえに、そのまま第三者に転送することもできる。いらぬ言質《げんち》を取られて、不利な状況に追い込まれる恐れもあるのだ。だから、私は、交渉においてはメールを慎重に扱っている。こみ入った内容のときは、必ず、電話かフェイス・トゥ・フェイスでコミュニケーションを取り、メールを使うのは事務連絡のたぐいのときだけに限定している。

「質問」で主導権を握る

では、フェイス・トゥ・フェイスでどんなコミュニケーションを取るべきか？ すでに述べたように、交渉では「話す」より「聞く」ことが重要である。そのためには、できるだけ「質問」を主軸にコミュニケーションを進めるべきだ。「質問」をすれば、相手はそれに答えざるを得ない。もしも相手が答えるのを断ったり、ごまかしたりした場合には、それが相手の「弱点」なのだとわかる。

また、「質問」によってコミュニケーションの主導権を握りやすいというメリットもある。より多くを語るのは相手だが、「質問」によって話題を変えることができるからだ。その意味でも、「質問」は交渉において重要な武器だと言えるだろう。

そして、相手の真意を確認するのが「質問」の基本だ。

相手が何らかの主張をしたときに、それを表面的に受け止めるのではなく、「なぜ、相手はそれを主張するのか？」を明らかにするのだ。それが把握できれば、こちらもより適切な対応策を用意することができるからだ。

ただし、「なぜ」という言葉は、ときに詰問《きつもん》と受け取られかねないから注意が必要だ。そのためにも、対決姿勢で向き合うのではなく、あくまでも、「私はあなたとともに問題解決がしたい」というスタンスを明示すべきだ。そのうえで、「問題解決をするために、あなたが、なぜ、その主張をするのかを知りたいのだ」という気持ちでコミュニケーションを取ることを心がけるのだ。

たとえば、「私は〝NO〟と言っているわけではない。ただ、なぜあなたがそう主張しているのかを知りたいんだ。詳しく説明してほしい」とか「その根拠をもう少し教えてくれれば、あなたの要求にもう少し応えることができるかもしれない」などと質問すれば、相手も本音を話しやすくなるだろう。

「同じ量を話している」と錯覚させる

もう一点、注意すべきことがある。

あまりに「質問」してばかりいると、相手も「情報を与えすぎているかもしれない」と警戒心を抱くおそれがある。そのような警戒心をもたれないようにするために、私が意識しているのは「同じ量を話している」と錯覚させることだ。

つまり、「質問」を主軸にしながらも、ときどき、こちらの情報も明かすのだ。ただし、自分にとって重要なことは伏せたほうがいい。「小さな情報」であっても、こちらも相手と「同じ量」の話をしていると思わせることができれば、警戒心を和らげることはできる。

たとえば、明らかに「金額」が重要な争点となる交渉において、「この交渉はすごく時間がかかりそうだと考えている。3ヶ月以内に解決すればいいと考えているけど……どうだろう？」などと、自分の考えを〝チラ見せ〟するイメージだ。

この程度の情報でも、相手は「胸のうちを明かしてくれた」と感じて、さらに情報を与えてくれるかもしれない。「小さな情報」を出すだけで、「大きな情報」を得ることもできる。「エビで鯛を釣る」というわけだ。

常に「戦わない方法」を考える

また、相手の真意を探るときに、常に念頭に置いておくべきことがある。

それは、「戦いを避ける方法はないか？」という自問だ。本書で繰り返し述べてきたように、交渉は「自分の目的」を達成する手段である。「自分の目的」を達成できるのならば、できるだけ戦いを避けるべきなのは言うまでもないからだ。

相手の真意がわかれば、そもそも対立点がなかったことがわかることもある。

「オレンジ」の話を知っている方も多いだろう。姉妹が一個のオレンジの取り合いになって、どちらも譲ろうとしない。しかし、両親が姉妹の話を聞くと、一瞬で問題は解決した。なぜなら、妹はオレンジの果肉を食べたかったのだが、姉はオレンジの皮を使ってマーマレードを作りたかったからだ。

つまり、姉妹は一個のオレンジを取り合って対立したが、お互いの「目的」は別のところにあったのだ。お互いの真意を理解すれば、一個のオレンジを分け合うことで、双方の「目的」を達成することができることもあるということだ。

もちろん、このようなケースは、現実のビジネスでは珍しいだろうが、可能性がないわけではない。このようなイメージをもちながら、相手の真意を探ることは非常に意味のあることだと思う。

ジョン・レノンはなぜ『ロックンロール』を作ったか？

あるいは、ひとつのアイデアで対立を解決することができることもある。

たとえば、ジョン・レノンが1975年に発表した『ロックンロール』というレコードがそうだ。ロックンロールの古典をカバーした全米6位を記録したヒット・アルバムだが、このレコードをつくるきっかけには「盗作騒動」があった。

そもそもの発端は、ビートルズ時代にジョン・レノンが作曲した「カム・トゥゲザー」という曲にある。この曲が、チャック・ベリーの楽曲の出版権者モリス・レヴィという人物から、チャックの「ユー・キャント・キャッチ・ミー」というヒット曲の盗作であると、訴訟騒ぎを起こされたのだ。

数年にわたって揉《も》めたようだが、最終的に示談が成立。その条件が、モリス・レヴィが所有する楽曲をジョン・レノンがレコード化することだった。ジョン・レノンのレコードはヒットするに違いない。そのレコードに楽曲が収録されれば、モリス・レヴィに莫大な印税が転がり込むわけだ。

これは、なかなかの妙案である。モリス・レヴィの目的は金。ジョン・レノンは「盗作問題」での裁判沙汰は避けたかったはずだ。その両者の目的をともに満たすアイデアだ。しかも、そのレコードが売れれば、双方にメリットがある。まさに、創造的な解決策だと言えるだろう。ちなみに、ジョン・レノンは『ロックンロール』で「ユー・キャント・キャッチ・ミー」をカバー。しかも、わざと「カム・トゥゲザー」に近い歌い方をしているのだから、面白い。

このように、お互いの「真意」が明らかになれば、創造的な解決策が生み出される可能性がある。そして、「戦い」を回避することができるのだ。そのような可能性を念頭におきながら、交渉相手とのコミュニケーションを行うことを忘れてはならない。

12

交渉は「少数精鋭」が鉄則である

チームで足並みを揃えなければ「敗北」する

The Weapons of Negotiation

人数が多いと「弱者」に見える

交渉のテーブルにつくのは「少数精鋭」が原則である。

私の交渉相手のなかには、交渉の場にズラズラと何人も連なってやってくる会社もある。「多勢《たぜい》に無勢《ぶぜい》」という言葉があるように、人数が多いほうが優位に立てると考えているのだろう。

しかし、これは間違いだ。むしろ逆。交渉においては、人数が多ければ多いほど弱そうに見える。そして、少数精鋭で交渉に臨む相手に、精神的な余裕を与えてしまうのだ。

たしかに、難しい交渉に少人数で臨むと緊張を強いられる。自分が対応を誤れば、自社（私の場合にはクライアント）に不利益をもたらしてしまうかもしれない。そのプレッシャーをひしひしと感じながら、交渉の席につくことに不安がないと言えば嘘になる。しかし、不安があるからこそ、万全の準備をする。そして、責任と覚悟をもって交渉に臨むことができるのだ。

そのように責任と覚悟を胸にテーブルについた側からすれば、ズラズラと大人数で交渉の場に現れた相手は〝烏合《うごう》の衆《しゅう》〟に見えるものだ。しかも、交渉において発言するのは限られた人間だ。大人数がいても、そのほとんどの人間はじっと黙ったままなのだ。ならば、その場にいる必要はないではないか。

そして、相手にこのように思われても仕方がないだろう。

「数を頼りにしなければならないほど、弱い人たちなのだ」

「それだけ、焦っているのだろう」

「こっちが3人でやっていることに、相手は10人を使っている。無駄な人件費をかける無能な集団なのではないか?」

そして、精神的に一段高い場所から交渉を行う余裕を相手に与えてしまうのだ。

交渉担当者の「能力」が疑われる

さらに、相手側のカウンターパートである交渉担当者の「能力」と「権限」も疑わしいと思う。

本来、交渉担当者は、社内の意思決定者や関係部署の意見を踏まえて、自らの力で交渉戦略を構築し、その戦略について社内の合意を取り付けていなければならない。だからこそ、交渉における権限を与えられるのだ。

そして、十分な権限を与えられているならば、大人数を引き連れて来る必然性がない。つまり、社内合意を取り付けるだけの能力のない担当者であるか、あるいは、意思決定者の信頼を勝ち得ていない(つまり、権限を与えられていない)担当者である可能性が高いのだ。

そのような担当者は、判断に迷うと、すぐに他のメンバーに「どう思いますか？」などと伺いを立てる。しかし、他のメンバーに判断権限があるのならば、その人物が交渉担当者を務めているはずだ。明確な意思決定などできるはずがない。

そして、結局のところ、「この場では決められない。社に持ち帰って検討する」と判断を留保することが多いのだ。ここにつけ入る隙が生まれる。

もちろん、重要事項については社に持ち帰る必要はあるだろう。

しかし、重要度の低い事項についても留保することが多ければ、私ならば、このように指摘するだろう。

「なぜ、この場で決められないのか？」

「これでは交渉にならない。権限のある担当者を同席させてほしい」

「それまでは、交渉を中断したい」

つまり、相手の交渉力そのものを疑問視するのだ。これで、相手はかなりのダメージを受けるだろう。そして私は、交渉において優位なポジションを手中にすることができるのだ。

ただし、ひとりで交渉に臨んではいけない

このように、交渉に大人数で臨むのは、かえって不利な状況につながりやすい。だから、私は交渉に臨むときには、できるだけ人数を絞るようにクライアントにお願いをする。そして、基本的に交渉で発言するのは、私だけにしてもらう。権限範囲を明確にしたうえで、その範囲内において、私が交渉をコントロールすることを認めてもらうのだ。そうしなければ、首尾一貫した交渉ができないからだ。

ただし、交渉にひとりで臨むのは避けたほうがいい。

最低でも、もうひとりは必要だ。まず、複数の相手を前にたったひとりで交渉しようとすると、誰だって「責められる」「追い詰められる」ような気持ちになる。精神的に劣勢に立たされ、防御的《ぼうぎょてき》な交渉に終始してしまう可能性が高まるのだ。

また、こちら側がひとりであれば、交渉の場で、相手から何らかの言質《げんち》を引き出したとしても、その証人がいないことになる。もちろん、同席者の記憶が「証拠」とな

るわけではないが、相手にすれば、後になって「そんなことを言った覚えはない」とは言いにくくなる抑止効果は期待できるだろう。

「戦い」を冷静に観察するセコンドが必要

さらに、人間の能力には限界がある。

交渉担当者は、常に、目の前の争点に集中しなければならないために、どうしても議論の流れの全体を俯瞰《ふかん》的《てき》に観察する視点を十分にはもちえない。「木を見て森を見ない」という状況に陥りやすいのだ。あるいは、相手の真意は、些細《ささい》な表情の変化などに表れるものだが、交渉担当者には、それを観察する余裕もほとんどない。

そこで、一歩引いたポジションで交渉を観察している同席者の存在が重要になってくる。いわば、交渉担当者がボクサーだとすれば、同席者はセコンドのようなものだ。交渉の前面に出て戦うのはボクサーである交渉担当者だが、その戦いを冷静に観察するセコンドがサポートするわけだ。

この役割分担ができれば、より有利な交渉ができるだろう。もちろん、どうしてもひとりで交渉せざるを得ないことはあるが、できれば同席者がいたほうがいいのだ。

とはいえ、セコンドをむやみに増やせばいいというわけではない。私は経験上、どんなに難易度の高い交渉であっても、同席する人数は4人を上限にすべきだと考えている。それ以上に増えると、チームのなかに見解の相違が生まれるからだ。「船頭多くして船山に登る」という事態を招きやすいのだ。

チームの足並みが崩れたら負ける

交渉メンバーが確定したら、交渉戦略をしっかりと共有する。

これは、非常に重要なポイントだ。「交渉する目的は何か?」「交渉決裂ラインはどこに引くか?」「譲歩カードの優先順位は?」「交渉相手にどの程度の情報を与えるか?」などを全員が頭に叩き込んで、一枚岩で交渉に臨まなければ危険だ。もしも、相手にこちらの足並みが揃っていないことを見破られると、あの手この手で揺さぶりをかけられるからだ。

私にも、こんな経験がある。

特許を侵害された企業の代理人として調停に臨んだときのことだ。このときも、発言するのは私だけにしてもらうことを、クライアントに約束してもらっていた。そして、「賠償金2億円から交渉を開始。1・6億円が交渉決裂ライン。そのラインを割るようならば裁判に持ち込む」という戦略を共有した。

ただ、クライアントはできれば裁判は避けたいと考えていた。だから、交渉決裂ラインはもう少し下げてもいいと主張していたのだが、私が「勝算はある。強気に攻めるべきだ。私に任せてほしい」と押し切った。私のエゴイズムではない。クライアントにより多くの賠償金を取らせるためだった。そして、1・7億円～1・8億円で妥結できる作戦を練っていたのだ。

「1000万～2000万円」を損した苦い経験

そして、調停当日を迎えた。

調停人は、和解させるのが仕事だ。だから、できるだけ折り合いをつけやすい条件を引き出そうとする。このときも、調停人はフェイントをかけてきた。私ではなく、クライアントのほうを向いて、こうつぶやいたのだ。

「1・5億円ならば、相手を説得できそうなんだけどな……」

もちろん、発言するのは私だけだと約束しているから、クライアントは口を開かなかった。しかし、その表情には、ありありと安堵《あんど》の表情が浮かんでいたのだ。「まずい……」と思ったが遅かった。

その表情から「1・5億円でも合意できる。訴訟を避けたいのだ」と踏んだ調停人は、その後、相手側企業が「1・5億円以上ならば訴訟を辞さない」という強硬姿勢をとっていると説得。私は、本当にそうだったとは信じていないが、「訴訟を避けたい」というクライアントの意向には逆らえない。

結局、なんとか踏ん張って1・6億円で和解できたが、私は1・7億円〜1・8億円にもっていけると踏んでいたから、「1000〜2000万円は損をした」と悔しくてならなかった。

映画「ゴッドファーザー」に学ぶ交渉の鉄則

1972年に公開されたアメリカ映画『ゴッドファーザー』に、実に興味深いシーンがある。

物語の序盤。スロッツォという名の国際的な麻薬マフィアが、マーロン・ブランド演ずるドン・コルレオーネとの取引を持ちかけてきた場面だ。コルレオーネ一家では、それまで一切麻薬は扱ってこなかったが、ドンの長男ソニーは乗り気だった。一家は政治家と組合と賭博《とばく》を押さえていたが、「麻薬こそは将来を支配する。今始めなければいずれ我々の存亡にかかわる」と考えたからだ。

しかし、ドンの結論は〝NO〟。交渉当日、スロッツォは、「ドン・コルレオーネ、あんたは顔がきく。現金も動かせる。あんたの息のかかった政治家どもも欲しい。山ほど要る」と伝えたうえで、コルレオーネ一家にとって有利な取引条件を提示したが、ドンはこう答えた。

「わしが君に会ったのは、真面目な男だと聞いたからだ。話はお断りする。なぜか言おう。わしは政治家の友達が多い。だが、わしが麻薬に手を出したと知ったら皆離れていく。麻薬はうす汚い。他人が何をしようと文句は言わん。だが、君の仕事は危険だ」

そこで、スロッツォは、なんとか可能性を繋ごうと、一歩踏み込んだ条件提示をした。それに、思わず身を乗り出して、反応したのがソニーだった。

危険を感じたドンは、すぐにソニーの発言を制して、「わしは子供たちに甘すぎてな、すぐに余計な口をはさむ。ともかく、この話は断る。せいぜいしっかりやってくれ。きっとうまくいく。お互い対立だけは避けてな」と交渉を打ち切った。

そして、スロッツォが立ち去った後、ドンはソニーを呼びつけて、こうどやしつけた。「どういう気だ。女と遊びすぎて頭がたるんだか。人前で二度と勝手なことを言うな」。交渉の場で一枚岩ではないことを悟られると命取りになる。だから、「勝手なことを言うな」と叱りつけたのだ。

なぜ、ゴッドファーザーの長男は「銃殺」されたのか？

しかし、時すでに遅し。

スロッツォは、ソニーは麻薬に乗り気だと察知。ドンを暗殺すれば、長男であるソニーが一家を継ぐことになる。そうなれば、コルレオーネ一家が押さえている政治家を使って、麻薬ビジネスがやりやすくなる。そう判断したスロッツォは、ドンを銃撃。ドンは一命を取り止めたものの、これを皮切りに血で血を洗う残忍《ざんにん》な抗争が勃発《ぼっぱつ》する。そして、抗争の陣頭指揮《じんとうしき》をとったソニーは機関銃で蜂の巣にされて息絶えるのだ。

実に教訓に満ちた物語である。

ソニーは最後まで気づいていなかっただろうが、この惨劇《さんげき》に至る導火線に火をつけたのは彼自身である。自らの軽率な振る舞いにより、交渉の場で一枚岩でないことをわずかでも見せてしまったことが、すべての始まりだった。そして、それは自身の命すら奪い取ってしまったのだ。

13

相手側の「交渉担当者」を動かす

交渉担当者の後ろに控える「意思決定者」を意識する

The Weapons of Negotiation

目の前の相手が「真の交渉相手」ではない

ビジネスの交渉で注意すべきことがある。

交渉の場で向き合う相手が、「真の交渉相手」ではないということだ。交渉担当者はあくまで「担当者」であって、その企業における最終的な意思決定者ではない（企業規模にもよるが、よほど重要な案件でなければ、社長をはじめとする意思決定者が交渉を担当することはないだろう）。

そのため、担当者レベルで合意できる結論を見出すことができたとしても、相手が会社に持ち帰って、意思決定者を納得させられなければ〝絵に描いた餅〟に終わってしまうのだ。

だから、目の前の担当者だけを見て交渉をしてはいけない。

常に、担当者の後ろに控えている、相手企業の意思決定者を説得することを想定する必要があるのだ。いや、こう言うべきかもしれない。相手企業から有利な意思決定を引き出すために、いかに、目の前の交渉担当者に動いてもらうかを考えるべきなのだ、と。

「緊張関係」と「信頼関係」は両立する

そのためには、まず第一に相手との信頼関係を大切にすることだ。

もちろん、交渉とは「戦い」にほかならないから、対立点については緊張関係に立たざるを得ないが、そのことと人間としての信頼関係とは別問題だ。

約束は守る、嘘はつかないといった基本を踏まえたうえで、相手の主張にじっくりと耳を傾けながら、言うべきことは言い、譲れないことは譲らないという真摯な姿勢を貫けば、いかに厳しい対立局面があったとしても、むしろ信頼関係は深まっていくはずだ。

このような関係性のなかで交渉を行うことができれば、相手も合意に至ったことを大切に扱おうと思ってくれるに違いない。この「思い」が重要だ。たとえ、自社の意思決定者にとって妥協しづらい内容であっても、なんとか説得しようと踏ん張ってくれるからだ。

逆に、担当者同士の信頼関係のないなかで妥協案をまとめたところで、自社で抵抗に合えば、相手は一発で腰が砕けるだろう。その結果、交渉は仕切り直しとなり、そのまま膠着状況《こうちゃくじょうきょう》へと陥っていくのだ。

相手が「報告」しやすい材料を与える

そのうえで、相手の目線で考えることが重要だ。

たとえば、交渉において優位に立ち、相手企業にとって「飲みづらい条件」を提示するとしよう。相手もそれを押し返すだけのパワーはない。このとき、相手の交渉担当者はどう考えるだろうか？「この条件を丸のみして会社に持ち帰ったら、何を言われるかわからない……」と考えるのが自然だ。

このような局面では、ゴリ押しをするのは控えたほうが得策だろう。

目の前の交渉担当者は「飲まざるをえない」と判断したとしても、その後ろには相手企業の意思決定者が控えている。その「真の交渉相手」が抵抗を示したら厄介だ。そこで、相手が自社に報告しやすいような材料を提供することで、そのハードルを下げることを考えるべきなのだ。

たとえば、自分の手持ちカードのなかに、自社にとっては重要性の低い「譲歩カード」が残っていれば、「飲みづらい条件」とともに提示するといいかもしれない。できれば、相手にとってはそれなりに価値のある「譲歩カード」であればベストだ。

もちろん、「この条件を譲歩するのは正直痛い。しかし、なんとか上層部を説得してみる」などと付け加える必要はある。ことさらにもったいぶることをすすめているわけではなく、こうすることによって、相手が自社で説明する際に「相手から重要な譲歩を引き出した」とアピールしやすくすることに狙いがある。いわば、相手に、できるだけ価値のある〝戦利品〟だと思わせることに意味があるのだ。

「譲歩カード」がない場合には〝言い訳〟でもいい。

たとえば、相手の希望額に満たないお金しか支払えない場合でも、「この金額はあなたたちの希望には添えていないだろうが、私たちにとっては今までで一番高い金額を支払っているのだ」という一言を添えるだけでも、相手は自社での報告をしやすくなるだろう。

交渉担当者が「ネック」となる場合の対応策

このように、相手の交渉担当者の目線に立つことが非常に大切だ。

ただし、まれに交渉担当者がネックとなって交渉が難航することもある。

経験上多いのは、意思決定者の意向を表面的にしか理解できないタイプの交渉担当者だ。そういうタイプは往々にして、意思決定者が示した条件（常識的に考えて、この条件には譲歩余地があるはずだ）を頑《かたく》なに守ろうとする。

こちらがそれなりの譲歩を示しても、一歩も動こうとしない。しかも、「なぜ、その条件にこだわるのか？」と背景を聞いても、納得できる答えは返ってこない。ただただ、当初示した条件を守ろうとするだけ……。要するに、融通《ゆうずう》がきかないのだ。

このような交渉担当者は、意思決定者とのディスカッションを通して、その「本当の狙い」「本当の目的」を把握する能力が欠けているケースが大半だ。

意思決定者の真意を理解する力量のある交渉担当者であれば、「本当の目的」を実現するためには、「このポイントは譲ったほうがいい」などと意思決定者を説得できるはずだ。それができないがために、ひたすら当初の条件を死守することに終始してしまうのだ。

これでは交渉が成立しない……。

なんとか膠着状況を打開したい。そんなときに、「相手の意思決定者と直接話せたら、どんなにスムーズに話が進むだろう」と考えるのは自然なことだ。しかし、これは一般的に〝禁じ手〟とされている。

あからさまに担当者を飛び越して意思決定者とコンタクトを取ってしまうと、担当者の顔に泥を塗ることになるし、担当者に「意思決定者を交えて交渉する機会がほしい」と切り出すのも気が引ける。「あなたは交渉相手として不足だ」と言うに等しいからだ。

「やってしまって、あとで謝る」という作戦

しかし、私は、場合によってはそうすべきだと考えている。

交渉担当者と粘り強く向き合ったうえで、それでもどうにもならないのであればやむを得ないではないか。交渉は「自分の目的」を達成するためにある。決して、目の前の担当者を傷つけないために交渉しているのではない。だから、このような場合には、直接、意思決定者にコンタクトを取り、あとで交渉担当者に謝る。これしか手はないと思うのだ。

もちろん、意思決定者に「うちの担当者と交渉してほしい」と突き返されるおそれもある。うまくいくかいかないか、一か八かの作戦ではあるが、このまま膠着状況を続けても意味がない。何らかのアクションを起こさなければ、状況を打開することはできないのだ。

そして、意思決定者に直接コンタクトする許可を交渉担当者から取り付けるよりも、あとで謝るほうがはるかに簡単である。「意思決定者に直接コンタクトをとってはいけない」などという法律はない。やってみてうまくいかなければ、そのときに対応策を考えればいいのだ。

実際、私はこれまで何度か、この作戦を実行したことがあるが、ほぼすべての案件で交渉を進展させることができた。たいていの意思決定者は、合理的な判断力を持ち合わせている。建設的な交渉をもちかければ、何らかの打開策を見出すことができるケースが多いのだ。

そして、意思決定者とのコミュニケーションで交渉に進展があれば、交渉担当者もその決定には従わざるをえない。一言謝っておけば、内心では不愉快に思っていたとしても、その後の交渉に大きな問題は生じないのだ。

「交渉担当者の交代」を好機として活かす

もうひとつ、言っておきたいことがある。

交渉が長期間に及んだ場合には、相手側の交渉担当者が交代することがあるが、それはチャンスだととらえたほうがいい。なぜなら、新任担当者は、交渉が難航している理由を「前任者のせい」にすることができるからだ。

私の経験をお話しししよう。

クライアントである日本のメーカーが、アメリカのメーカーに特許訴訟を起こされたときのことだ。私が事実関係を調べたところ、相手はかなり勇み足で、こちらに勝算があることがわかった。そこで、私たちは「受けて立つ」と訴訟に踏み切った。

そして、予想どおり、裁判は一貫して私たちに有利に進み、一審判決は見事に勝訴となった。ところが、それでも相手は引く気がない。むしろ、非常にアグレッシブだった。早速、上訴の手続きを取るとともに、担当弁護士をことごとくすげ替えて、必勝の布陣を敷いたのだ。

新しい弁護士に挨拶をすると、こんな言葉を投げつけられた。

「一審ではあなたたちが勝ったが、上訴では絶対に私たちが勝つ。お金を払って解決するなら今のうちだ」

私はあっけにとられた。一審で圧勝したのは私たちだ。にもかかわらず、「お金を払って和解するなら今のうち」とは、あまりにも無礼な言い草だ。しかし、どうも相手の様子が落ち着かない。

しばらく観察をしていて、わかった。下手なブラフをかけているのだ。アメリカのメーカーは、前任弁護士に「強気に出れば、多額の賠償金が取れる」とけしかけていたのだろう。それに乗せられたメーカーは、新任弁護士に強いプレッシャーをかけているに違いない。だが、新任弁護士は内心では勝つのは難しいとわかっている。だから、落ち着きがないのだ。

そこで、私は彼に提案した。

「前任弁護士のせいにして、この裁判は終わりにしてしまいましょうよ」

今度は、相手が驚いたような表情を浮かべた。

しかし、気を取り直して、「何をバカなことを……」といった仕草をしながら、「弱気になってるのか？」と強がってみせた。私は、それには取り合わず、こうたたみかけた。

「前任弁護士がしかけた訴訟は無理があるよ。私たちは、上訴に向けて、さらに強力な証拠を揃えている。君たちが上訴して、そこでも敗訴となれば、私たちの訴訟費用も全部、君たちの負担になる。これ以上、クライアントに負担をかけるのが弁護士として正しいことかね？　負ければ、君たちの汚点にもなる。損害を最小限に抑えるためにも、ここで手を引くのが賢明だと思うよ。前任者のせいにすればいいんだから、簡単な話じゃないか？」

もちろん、彼は、その場では私の提案を一笑に付した。

しかし、数週間後、彼は和解をもちかけてきた。正しい情勢判断をしたということだ。もちろん、こちらが優位なのだから、賠償金ゼロでの和解が成立。こうして、私は、クライアントの要請に100%応えることができたのだ。

だから、ぜひ覚えていてほしい。

交渉担当者の交代はチャンスである。

「前任者のせい」にすることで、状況を好転できる可能性があるのだ。

14

「謝罪」は武器である

適切な「謝罪」をして、すみやかに「提案」をする

「安易な謝罪」は命取りである

交渉において、「謝罪」は重要なポイントのひとつだ。

特に、何らかのトラブルを原因とする交渉においては、謝罪するか否かが交渉を大きく左右することが多い。

そもそも、日常生活においても、ビジネスにおいても、トラブルが発生したときに、どちらかが100%悪いという状況はそうそうない。初対面でいきなり殴りかかってしまったというなら話は別だが、トラブルに至る過程では、双方ともに多少なりとも

落ち度があるケースが大半だ。

そして、お互いの「非」を責め合う構図になれば、問題はこじれるばかり。対立を深めるだけで、交渉のテーブルにつくことすら難しくなるだろう。

とはいえ、もちろん安易な謝罪は厳禁だ。

特に、グローバルなビジネスにおいて安易な謝罪をすれば〝命取り〟になる。

訴訟社会であるアメリカはもちろん、多くの国では、「謝罪した＝自らの非を認めた」と認識されるからだ。一度、そのように認識されれば、交渉の最後の最後まで「あなたは謝罪したではないか？　なぜ、いまさらそんな主張をするのだ？」などと利用され続けるだろう。そして、不利な条件を飲まざるをえない状況に追い込まれてしまうのだ。

しかし、だからと言って、一切の謝罪を否定するのも大きな間違いだ。そのような姿勢はむやみに膠着状況《こうちゃくじょうきょう》を長引かせるだけで、建設的な交渉を実現する道を自ら閉ざしてしまうだけ。結局、不利益を被る結果を招くのだ。

なぜ、相手は「対決姿勢」を強めるのか？

私の経験をお話ししよう。

日本のプラスチック・メーカーの代理人として、アメリカの小さなギフトショップとの交渉を担当したときのことだ。

トラブルの原因となったのは、メーカーが生産する際に発生する半端《はんぱ》なプラスチック・シートを、安価かつ安定的にギフトショップに供給するという契約だった。ギフトショップは、半端ではあるが質の高いシートを、商品のラッピング・デコレーションに使おうとしたのだ。

ところが、メーカーにとっては重要な契約ではなかった。ゴミとして廃棄していたものを買い取ってくれるのだから、タダ同然の値段ではあったが、「やらないよりはいいだろう」という程度の認識だったのだ。そのため、生産調整によって半端なシートの量が減ったときなどには、規定の量を供給しなかったのだ。

その度に、ギフトショップは契約の履行《りこう》を要求した。

しかし、メーカーは十分な対応をすることができなかった。度重なる契約不履行に、ついにギフトショップは激怒。多額の損害賠償請求を突きつけてきたのだ。これに、メーカーも態度を硬化させた。契約内容に比して、あまりにも多額の賠償請求だったからだ。

その結果、交渉はお互いに譲らない状況に突入。ギフトショップから訴訟に打って出るという通告を受けて、急遽《きゅうきょ》、メーカーから私に代理人として交渉してほしいと依頼があったのだ。


交渉は難航した。

メーカーは、契約不履行は事実だから賠償金は支払うつもりだった。ただし、支払うべき金額は、多くても請求金額の30％程度と算出していた。私から見ても、その算出根拠は合理性があると思われた。ギフトショップの請求額が、あまりにも非常識だったのは事実なのだ。

しかし、私が丁寧に説明しても、ギフトショップは一円たりとも請求額を下げようとはしなかった。むしろ、理路整然と説明すればするほど、訴訟に打って出ると強硬姿勢を強めるのだ。

「問題の本質」を見極める

なぜか？

私は、怒りに震える彼らの言葉に耳を傾けるほかなかった。

そして、わかったのだ。彼らにとって、メーカーとの契約は「夢」だった。質の高いシートを使って、工夫を凝らしたデコレーションをすることで顧客に喜んでもらう。それが、創業以来の「夢」だったのだ。


ところが、メーカーは契約を十分履行することができなかった。

いや、その対応から、ギフトショップは、「自分たちにとって、この契約はたいしたものではない」というのがメーカーの本音だと受け取ってしまった。そして、彼らは、自分たちの「夢」を足蹴《あしげ》にされるような感覚を覚え、深く傷つき、怒りを爆発させたのだ。

彼らも、自分たちの請求額が非常識なのは重々承知していた。しかし、それ以外に、彼らの怒りをぶつける方法がなかったのだ。逆に言えば、彼らにとっては「お金」の問題ではなかった。実際、裁判になれば私たちが算出した賠償額になるだろう。その金額は、彼らが負担する訴訟費用と大差なかったのだ。

これは、誠実に謝罪するほかない……。

彼らは謝罪を求めてはいなかったが、何らかの形で私たちの誠意を示さなければ、和解することができないのは明らかだった。そこで、私は、「いきなり訴訟に打って出るのではなく、調停のプロセスに入りませんか?」と彼らに提案。調停の場で、メーカーから誠意を伝えるほかに和解する方法はないと考えたからだ。

彼らは、自分たちの話にじっと耳を傾け、一定の理解を示した私の立場に配慮してくれたのだろう。メーカーに対する強行姿勢は崩さなかったが、私の提案には応じると譲歩してくれた。

しかし、あまりにも謝罪が遅すぎた。

結局、調停は失敗に終わり、訴訟に突入。裁判で私たちの主張が認められはしたが、メーカーを傷つけることが目的だったギフトショップにとっては、それは決して「敗北」ではなかった。なぜなら、メーカーは、長期間に及ぶ訴訟対応に追われるとともに多額の訴訟費用を負担しなければならなかったからだ。

謝罪は「タイミング」と「範囲」が重要

このケースからも明らかなように、建設的な交渉をするためには、適切な「謝罪」は必要不可欠だ。

まず重要なのが、タイミングである。こちらに過失がある場合には、トラブルが発生したらすみやかに謝罪をしたほうがいい。このタイミングを逃すと、相手は一気に態度を硬化させる。そして、交渉不可能な状況を生み出すばかりか、場合によっては、経済的な利害を度外視して、徹底的にこちらを傷つけるために全精力を傾けるという、不合理な状況すら生み出しかねないのだ。

もちろん、「何について謝罪するのか」（謝罪の範囲）については厳密に吟味する必要がある。

先ほどのギフトショップのケースであれば、契約不履行については軽々しく謝罪すべきではないだろう。契約内容を詳細に確認したうえで、「どの部分が契約不履行に当たるのか」を明確にしなければならないからだ。

しかし、少なくとも、「あなた方の希望に添えない部分があったことは、申し訳なく思う。決して、あなた方の希望を損ねる意図はなかった」などと、相手の心情に配慮した謝罪は可能だ。これだけでも、彼らはあそこまで態度を硬化させることはなかっただろう。

「過去」から「未来」に視点を切り替える

そして、最も重要なのは、すぐに「提案」をすることだ。

謝罪は一度で十分。いつまでも謝罪するのではなく、できるだけはやく、共通の利益を掲げるとともに、問題解決のための提案をすることである。

ギフトショップのケースであれば、「プラスチック・シートの供給を安定化させることがお互いにとって重要だと思います。私たちにも生産調整などの問題がありますので、御社と協議しながらベストの体制を整えたいと考えています」などと提案するのだ。

この提案によって、「過去」から「未来」に視点を切り替えることを促すと言ってもいいだろう。

「謝罪」を武器に変える方法

これができれば、「謝罪」は武器に変わる。

相手がなおも一方的に責め続けるのならば、こちらに道義的な優位性が生まれるからだ。こちらは誠意をもって謝罪をし、未来に向けた建設的な提案を行っているにもかかわらず、いつまでも交渉に応じるつもりがないのならば、「こちらにも言いたいことがある」と攻めに転ずる口実が与えられるのだ。

そのためにも、あらかじめ、相手側の落ち度について把握しておくとともに、交渉が決裂した場合の代案を用意しておくことが望ましい。いざというときに、交渉決裂を前提に攻勢に転ずる準備をしておくのだ。

もちろん、このカードは切らないのがベストだ。むしろ、相手の怒りが収まるまで、その気持ちを受け止めるほうがいいだろう。相手の気持ちを汲み取ろうとするスタンスを示しながら、じっと我慢をして耳を傾けるのだ。「交渉決裂カード」をもっておけば、気持ちに余裕をもって我慢できるはずだ。

相手の「怒り」を利用する

これが、好機をもたらす。

なぜなら、人間というものは、いつまでも怒ってはいられないからだ。自分の気持ちを吐き出して、相手がそれを受け止めてくれれば、いずれ気持ちは収まってくる。それと同時に、常識的な人間であれば、「少し言いすぎたのではないか」と引け目のようなものを感じ始めるのだ。

この心理を利用する。

怒りが収まってきたところで、改めて、未来に向けた「提案」をすれば、相手は引け目を解消するためにも、歩み寄りをみせる可能性が高い。ギフトショップが私の提案に乗って、いきなり訴訟に持ち込むのではなく、調停に入ることを認めた背景にも、このような心理があったはずだ。

万一、それでも相手が一方的に責め続けるならば、やむを得ない。こちらが用意していたカードを冷徹に突きつけるまでだ。その場合にも、道義的な優位性はこちらにある。相手が怒りをエスカレートさせたとしても、「こちらは謝罪もし、建設的な提案もしたのだ。これ以上、あなたの話を聞く義務はない」と突き放せばいいのだ。

だから、私はこう考えている。

交渉において、安易な謝罪はしてはならない。

しかし、適切な謝罪はすべきである。
それが、交渉を有利に運ぶための重要な戦略なのだ、と。

15

相手の「嘘」は徹底的に利用する

「交渉のインフラ」を壊した者は厳しい制裁を受ける

The Weapons of Negotiation

「嘘」「ごまかし」は厳禁

交渉において、「嘘」「ごまかし」は厳禁だ。

誰にでも誘惑はある。「この数字をごまかせば、交渉で不利にならない」「この事実を隠せば、問題にならないだろう」……。苦しい交渉のときはなおさら、そんな思いが込み上げてくるものだ。

しかし、その「嘘」や「ごまかし」がバレたときのダメージが大きすぎる。相手に強力な「攻め手」を与えてしまうために、交渉においてきわめて不利な立場に追いやられてしまうのだ。いや、実は私自身、交渉相手の「ごまかし」を見つけ、徹底的にそれを利用して有利な条件で交渉をまとめた経験がある。

かつて、私が日本メーカーの代理人として、海外企業がある製品において特許侵害をしていると追及したときのことだ。相手は特許侵害を認めなかったため、私たちは即座に提訴。準備を万端《ばんたん》に整えていた私たちは、裁判を有利に進めていた。そんななか、危機感を募らせた海外企業が和解交渉をもちかけてきたのだ。

私は、和解案をじっくりと読み込んだ。

全体的にはこちらの要求に配慮した内容になっていると思ったが、妙な一文があるのが気になった。さりげなく記されていて、見るからに違和感を覚えるようなものではないが、妙に引っかかるものがある。

経験上、このような一文には、重大な意味が隠されていることが多い。なぜここに、この一文が組み込まれているのか……。私は考え続けた。そして、やっと気がついた。その一文がそこに存在することにより、「他の製品については、この和解案から除外する」という意味になるのだ。

相手の「ごまかし」は徹底的に利用する

これは、いわば〝だまし討ち〟のようなものだ。

もちろん、私たちは、訴訟の対象になっていた製品だけではなく、他の製品の特許侵害も争うつもりでいた。その意図を無効にするような一文を、相手は何の打診もなく、さりげなく和解案の中に組み込もうとしたわけだ。

一瞬、腹が立ったが、「これは使える」と思い直した。私は、協議の場でこの事実を強い口調で指摘。言い逃れをしようとしたが、〝逃げ道〟を塞ぐと、相手はバツが悪そうに認めた。

こうなればこっちは強い。

「ごまかし」という不誠実を責めることができるうえに、彼らが自ら「他の製品でも特許侵害していますす」と言っているようなものだからだ。

そこで、「ということは、私たちとしては、他の製品にも特許侵害があると推定せざるを得ない。すべての製品について詳しくチェックすることに同意してもらえますね？」と迫った。もちろん、相手がこれを拒絶したら、和解交渉は決裂。私たちが裁判で徹底的に追い込んでくることは、彼らも認識している。しぶしぶながらも、私たちの要請に応じざるを得ないのだ。

「交渉のインフラ」を壊した者は制裁を受ける

そして、すべての製品についての情報・データの提出を要求。不審な点があれば、いちいち確認をして、必要であれば追加資料を求めた。容赦ない追及に相手が抵抗する素振りを見せても、「だって、ずるいことをしようとしたじゃない？　これくらい厳しくしないと信用できませんよ」という一言で抑え込むことができた。

こうして、彼らの「ごまかし」を徹底的に利用して、私たちは圧倒的に有利な条件で和解交渉を妥結することに成功。もともと裁判で優勢だったという背景もあるが、相手の「嘘」「ごまかし」を暴いたときの威力を実感したものだ。

同時に、改めて確信した。

「嘘」「ごまかし」の誘惑に負けてはならない、と。

小賢《こざか》しい方法で相手を欺《あざむ》こうとするのはあまりにリスクが高い。「嘘」「ごまかし」が暴かれたとき、見るも無惨な立場に追い込まれてしまうのだ。

「信頼関係こそが交渉のインフラだから、交渉には誠実に臨まなければならない」などと言うと、高潔な理念を述べているように思われるかもしれないが、必ずしもそういうわけではないのかもしれない。なぜなら、「信頼関係というインフラ」を壊した者には、厳しい制裁《せいさい》が加えられるからだ。だから、私は、誠実に交渉に臨むことを鉄則とすべきだと考えている。

「誠実」と「愚か」の一線を間違えない

ただし、「バカ正直」になる必要はない。

交渉において、「嘘」「ごまかし」は厳禁だが、聞かれもしないのに、自分に不利な情報を積極的に公開する必要はない。つつかれてもいない藪《やぶ》を自らつついて蛇を出して驚いているのは、「誠実」というより「愚か」と言うべきだろう。

たとえば、先ほどの海外企業との交渉で言えば、私たちが問題にしていたのはある製品の特許侵害であった。

あくまで、ある製品についての交渉なのだから、私たちが「他の製品でも特許侵害をしているのではないか？」と聞かない限り、彼らは自らそれを打ち明ける義務はない。あとで特許侵害していることがわかったとしても、自ら打ち明けなかった彼らを責めることはできない。聞かない方が悪いのだ。交渉は戦いである。双方に自己防衛する権利はある。応える義務がある場合にだけ、「嘘」ではない回答をすれば、それで十分に誠実な対応というべきなのだ。

むしろ、聞かれもしないのに、「この製品が特許侵害していることは認めざるを得ません。ところでこの製品はどうでしょうか？」などとお伺いをたてるのがどうかしている。学校であれば、「正直でよろしい」と先生に褒めてもらえるかもしれない。

しかし、ビジネスの交渉は「バカ正直」に優しくはない。徹底的に追及されて、不利な条件を飲まされるだけなのだ。

第4章

「戦う」からこそ創造的になる

16

交渉に不可欠な「2つの戦略」

「何を交渉するか?」と「どう交渉するか?」を考える

「一括合意」か「個別合意」か?

交渉には戦略が不可欠だ。

「交渉の目的」を明確にしたうえで、「譲歩カード」を切りながら、「絶対に譲れないもの」を獲得する。どうしても「絶対に譲れないもの」が得られないのであれば、「交渉決裂カード」を突きつける。そのためには、交渉が決裂しても困らないように、プランB、プランCを用意しておく……。こうした大枠の戦略――交渉の中身（コンテンツ）――を明確にしておかなければ、交渉に勝つのは困難だ。

ただし、これだけが戦略ではない。「交渉の中身」を戦略的に考えておくだけではなく、その交渉をどのように進めるのか——交渉の具体的なプロセス——についても戦略的に考えておく必要がある。交渉を有利に進めるためには、「何を交渉するのか？」と「どう交渉するのか？」の2つの戦略が不可欠なのだ。

具体的に考えてみよう。

ほとんどの交渉には、合意すべきポイントがいくつかある。

そして、通常の交渉においては、いくつかの争点をまとめて一度に合意するプロセスが望ましいとされている。「Aを譲歩するから、Bは譲歩してほしい」といった駆け引きが可能になるために、“win-win”の交渉が成立しやすいからだ。しかし、状況によっては、一括合意のほうが不利になることもある。

離婚交渉を例にとって考えてみよう。ビジネスマンの夫と専業主婦の妻で、親権は妻が取ることで合意しているとする。争点となっているのは、「養育費」と「子どもに会う権利」。夫は、あまりに高額な養育費は避けたいと考えているとともに、子どもとは定期的に会えることを強く希望している。一方、妻はできるだけ多くの養育費を勝ち取りたいと考えている。

この問題において最も重要なのが、子どもの気持ちであることは言うまでもないが、それを踏まえたうえで、夫の立場で考えるならば、「子どもと会う権利」を認めてくれなければ、これ以上の交渉には応じないと伝えるべきだろう。つまり、個別交渉に持ち込むのだ。

なぜなら、「養育費」と「子どもに会う権利」を同時に交渉すれば、妻は、「養育費を増額しなければ、子どもと合わせない」という駆け引きができるからだ。夫にすれば、どちらかを犠牲にしなければならない立場に追い込まれるわけだ。

妻がはやく離婚したいと望んでいるのであれば、「これ以上の離婚交渉には応じない」と言われると困るはずだ（離婚裁判となれば時間がかかる）。もしも、それを嫌って「子どもが会いたいというならば、面会するのは構わない」と認めてくれれば、夫は比較的有利になる。妻から、「子どもと会う権利」と引き換えに「養育費」の増額を迫るパワーを奪うことができるからだ。

このように、自分が置かれた状況次第で、「一括合意」と「個別合意」のどちらのプロセスが有利かは変わるのだ。

「大きな論点」から始めるか、「細かい論点」から始めるか？

さらに、「個別合意」の場合には、どの順番で交渉するのかも重要なテーマとなる。一般的には、「大きな問題」から合意していくプロセスが望ましいとされている。なぜなら、「細かい問題」から着手して、長い時間をかけて合意を重ねていっても、最後の最後に「大きな問題」で折り合いがつけられなければ、すべての努力が水の泡となるからだ。むしろ、「大きな問題」で合意したうえで、「細かい問題」で譲歩し合うプロセスのほうが合意形成はしやすいだろう。

ただし、状況次第では、「細かい問題」から交渉したほうが有利になることがある。たとえば、ある製品にかかわる特許権使用契約（複数の特許がある）であれば、「契約金額は？」「契約期間は？」「どの特許を使用するのか？」「製品の販売地域は？」などいくつもの交渉マターがある。ほとんどのケースで最も重要な問題となるのは「契約金額」だから、「契約金額を決めてから、細かい問題を詰めましょう」となるのが通常だ。

しかし、ライセンスを求めている側の資本力が弱い場合には、あえて「細かい問題」から始めるほうが有利なこともある。なぜなら、複数の特許を精査して、不要な特許を除外したうえで「契約金額」の交渉ができれば、より安価な金額で合意できる可能性が高まるからだ。

しかも、「細かい問題」で合意するためには、それなりの時間と労力がかかるものだ。そのサンクコストを考えれば、ライセンス供給側も「ここまで頑張ったんだから、想定より安い金額だが、これで合意してもいいだろう」と判断する可能性も高まるだろう。このように、「細かい問題」から交渉するプロセスを取ったほうが、有利になる場合もあるのだ。

「スケジュール」に枠をはめる

あるいは、「交渉期間」も重要な要素だ。

たとえば、大型の工場機械の受注契約に臨むとする。そして、販売側は、経営上の問題から、なんとしても半年後までには入金してもらいたいと考えている。もちろん、できるだけ販売代金を高額にしたいが、多少減額されても半年後までに入金されることのほうが重要性が高い。

このような場合、相手に「半年後までにお金を得たい」という本音を悟られると不利になる。交渉期間を引き延ばすことによって、契約金額の減額を要求することが容易になるからだ。だから、相手にこちらの事情を悟られないように注意しつつ、短期間で合意に至る戦略を考えておかなければならない。

私ならば、「御社も設備投資計画をスムーズに進めたいとお考えでしょうから、早期に合意できるように最善の努力をしたい」などと〝前向き〟に呼びかけるとともに、具体的な交渉プロセスを提案するだろう。交渉に入る前に、いつまでに交渉を終わらせるか、スケジュールの大枠をはめてしまうのだ。

ポイントとなるのは、フェイス・トゥ・フェイスのミーティングである。

交渉そのものは、メールや電話などの手段も使って進められるが、最終的に重要事項を決定するのはフェイス・トゥ・フェイスのミーティングの場だからだ。

交渉をはやく終わらせたいときに、最もよくないのは「なりゆき」に任せることだ。よくあるパターンだが、メールや電話でお互いの要求をある程度まで調整したうえで、ミーティングの日程を決めることにすれば、どんどんスケジュールはずれ込んでいくものだ。その結果、スケジュールが遅れれば、販売金額について自ら譲歩することによって、早期妥結を画策せざるを得なくなるわけだ。

そこで、「一気に交渉を進めましょう」と呼びかけたうえで、「そのためにも、ミーティングの日程を、いま決めてしまいませんか？　3ヶ月後に設定するのはどうでしょう？」などと提案するのだ。

この提案に相手が乗ってくれれば、確定したミーティングの日程に間に合うように、メールや電話などの手段で双方のすり合わせをする動機づけになる。しかも、「半年後までにアドバンスを手に入れたい」というこちらの弱みを悟られることなく、対等に交渉を進めることができるわけだ。

自分の有利な「場所」を選ぶ

「交渉場所」も戦略的に考える必要がある。

基本的に、自社の応接室など「ホーム」での交渉が有利なことに異論はないだろう。普段から慣れている場所のほうがリラックスできるため、心理的に余裕をもって交渉しやすい。逆に、「アウェイ」であれば、それだけで精神的な圧迫を受けるものだ。

もちろん、「ホーム」にもデメリットはある。というのは、「ホーム」で行う場合、交渉が長時間に及んだときに、自社の同席者が別の仕事のために抜けたりするといったことが起こりやすいからだ。その結果、人数的に劣勢に立たされて、交渉が不利な方向へ流れてしまうこともないわけではない。一方、「アウェイ」であれば、比較的にそういう事態は起きにくい。とはいえ、基本的に交渉は「ホーム」で行うのが有利であると言っていいだろう。

通常、交渉は「立場の強い者」の指定する場所で行われるものだから、「立場の弱い者」に選択権はない。その意味で、「立場の弱い者」は常にアウェイでの交渉を強いられるわけで、それだけ心理的劣勢に立たされると言えるだろう。

ただし、お互いの立場の強弱が確定していない場合には、初回の交渉場所を「アウェイ」にするのが効果的な場合もある。あえて不利な場所を自ら指定することで、この交渉に「恐れ」を抱いていないことを示すことができるからだ。そして、交換条件として、「次回は、あなたがこちらに来てください」と指定することも比較的容易だろう。こうして、交渉のイニシアティブを握ることもできるのだ。

制度を悪用する〝悪徳弁護士〟

国際的な交渉では、特に「場所」が重要である。

近年、日本企業が標的にされるケースが増えている「クラスアクション」を例に説明しよう。クラスアクションとは、アメリカの民事訴訟の一種で「集団訴訟手続」のことだ。クラスとは、「共通点をもつ一定範囲の人々」という意味。つまり、製品の不具合などによって、多数の人々が同じように被害者の立場におかれている場合に、被害者の一部が全体を代表して訴訟（アクション）を起こすことを認める制度である。

最大のポイントは、「被害者の一部が全体を代表して訴訟を起こす」という点にある。ここが、日本の集団訴訟と決定的に異なる点なのだ。

日本で集団訴訟を起こすためには、被害者一人ひとりから同意を取り付けることによって、原告団を立ち上げる必要があるが、クラスアクションではそのような手続きは不要。被害者の立場におかれている消費者は、「私は訴訟に参加しない」と意思表示をしない限り、自動的に訴訟に加わることになる。

つまり、訴訟当事者が桁違《けたちが》いに増えるケースが多いのだ。しかも、判決や和解内容は、そのすべての消費者に適用される。そのため、裁判に負ければ、被告側の企業に莫大な損害賠償義務が課せられる可能性があるのだ。

問題なのは、ここに目をつけて一攫千金《いっかくせんきん》を狙う〝悪徳弁護士〟がいることだ。

私にもこんな経験がある。クラスアクションを提起された企業に対応を依頼されて、原告団から提出された資料を調査した結果、驚くべきことを発見したのだ。

なんと、原告団に名を連ねていたのは、その訴訟の代理人を務めていたアメリカ人弁護士の家の修理を担当していた業者と、2年前までその弁護士事務所に勤務していた人物。そして、その事務所の出入り業者の三者だったのだ。

要するに、その弁護士は、原告になりうる人物を身近なところで集めていたということだ。もしも、その訴訟に勝てば、被告企業から〝その他大勢の被害者〟に莫大な損害賠償金が支払われることになる。その賠償金額をもとに弁護士報酬が支払われるため、彼は巨額の報酬を手にすることができるわけだ。

そして、その標的とされているのが、争い事を避けようとしがちな日本企業だ。

このケースも、まさにそうだった。もちろん、実際に企業の過失によって被害を受けた方々が提起したクラスアクションには真摯《しんし》に対応しなければならない。しかし、一攫千金を狙う〝悪徳弁護士〟に容赦《ようしゃ》はいらない。私は、徹底的に戦うことにした。

「場所」でプレッシャーをかける

ありとあらゆる対抗策を考えたが、そのひとつが「場所」だった。

アメリカの法律には「デポジション（証言録取）」というプロセスが定められている。これは、アメリカの法廷外で原告側弁護士が被告側証人を尋問《じんもん》する手続で、デポジションを日本のアメリカ大使館で行うこともできると規定されているのだ。

そこで、私は強硬にアメリカ大使館でのデポジションを要求。日本で行うことになれば、原告側弁護士は飛行機代や宿泊代などを負担する必要がある。しかも、時差ボケと戦いながら重要な司法プロセスに臨まなければならないからだ。

ささいな問題と思われるかもしれない。

しかし、私は終始、「受けて立つ」と強気の姿勢を相手に明示し続けていた。そのプレッシャーに加えて、きわめて不利な場所での戦いを要求すれば、相手の戦意を萎《な》えさせる効果は確実にある。実際、その後、相手側弁護士はクラスアクションを取り下げるに至ったのだ。もちろん、「場所」が決定打になったわけではないだろうが、これも、彼を追い詰める強力な武器になってくれたと思っている。

17

「最初のオファー」が勝負を決める

相手の出方を探って「主導権」を握る

最初のオファーが「アンカー」となる

自分と相手のどちらが先にオファー（条件提示）をするか？

これは、交渉において重要な問題だ。なぜなら、最初のオファーがアンカリングとして機能するからだ。

アンカリング（Anchoring）とは、認知バイアスの一種で、先に提示された情報（アンカー）が、その後の判断に影響を及ぼす心理現象のことだ。

船が、アンカー（船の錨《いかり》）でつながれている範囲を超えて移動できないのと同様に、人間も、先に提示された情報がアンカーになって、その影響から離れられなくなることが実証されているのだ。

心理学者であるエイモス・トベルスキーとダニエル・カーネマンが行った実験は、よく知られている。

彼らは、実験参加者に「国連に属している国のうちアフリカ大陸にある国家の割合はいくらか？」という質問をしたのだが、その質問をする前に細工を施した。半数の実験参加者には「65％より大きいか小さいか？」と尋ね、もう半数の参加者には「10％よりも大きかか小さいか？」と尋ねたのだ。

そのうえで、「国連に属している国のうちアフリカ大陸にある国家の割合はいくらか？」と質問をすると、「65％より大きいか小さいか？」と聞かれたグループの回答の中央値は45％で、「10％よりも大きいか小さいか？」と聞かれたグループの回答の中央値は25％になった。つまり、「65％」「10％」という数字がアンカーとなって、実験参加者の判断に強い影響を与えたということだ。

交渉でも同様のことが起きる。

価格交渉が典型だ。たとえば、同じパソコンを値切るにしても、「20万円のパソコンを14万円に値下げ」という値札がついているときと、単に「14万円」という値札がついているときでは心理に大きな違いがあるだろう。

「20万円」という値段をアンカリングされていれば、多くの人は「14万円からさらに値切ることができたとしても、1~2万円が関の山」と考えるはずだ。しかし、「14万円」という値段がアンカーになっていれば、「頑張れば10万円を切れるかもしれない」と考えるのではないだろうか？

この場合、値札が「最初のオファー」になるわけだが、この「最初のオファー」がアンカリングとなって、交渉の展開に大きな影響を与えるわけだ。これは、価格交渉のみならず、あらゆる交渉に共通する現象であることは間違いないだろう。

「相手の出方」を探るのが基本

そのため、「交渉では最初にオファーをしたほうが有利である」と主張する研究者もいる。たしかに、最初にオファーを提示することで、こちらに好都合なアンカリングができれば、交渉を有利に運ぶことができるだろう。

しかし、私はケース・バイ・ケースだと思う。いや、むしろ、先に相手にオファーを出させるのを基本にしつつ、それが難しいときに、こちらが先にオファーを提示するのがよいと考えている。

なぜなら、こちらから先にオファーをした場合に、そのオファーが、相手が期待している以上のオファーである可能性があるからだ。その場合には、「得られたはずの利益」をむざむざと手放すことになる。逆に、相手が出したオファーが、自分にとって有利なこともありうる。だから、まずは相手の出方を確認したうえで、こちらの戦略を決めたほうが無難《ぶなん》なのだ。

実際、私にもこんな経験がある。

クライアントである日本企業が、欧米企業から特許侵害で訴えられたときのことだ。クライアントは「これは大ごとだ」と、私のもとへ駆け込んできた。たしかに、事実関係をシビアにとらえれば、10～15億円の賠償請求をしてきてもおかしくない状況だった。しかも、欧米企業がわざわざ日本に来て交渉をするというから、かなり強気に押してくるに違いないと身構えていた。

ところが、向こうのオファーを聞いて呆れた。なんと、２０００万円の賠償請求だったのだ。まさに、拍子抜け。もちろん、深刻な表情は崩さず、「請求金額は重く受け止めた。検討したうえで回答する」と伝えたが、最初の交渉を終えた私たちは顔を見合わせて笑い合った。

その後、２０００万円からさらに減額させる作戦を考えたうえで、あっさりと合意にこぎ着けることに成功。私たちに圧倒的に有利な合意だったのは言うまでもない。

同時に、こう思った。もしも、あのとき、私たちが先にオファーしていたらどうなっていただろうか、と。このようなケースでは「攻める側」が最初のオファーをするのが通常だが、こちらに先手を打たせようとする〝やり手〟もいる。その手に乗せられてオファーを出していたら、間違いなく数億円レベルの賠償金額になっていただろう。やはり、自分が先にオファーするのは危険と考えざるを得ないのだ。

相手のオファーに対抗する

もちろん、相手が先にオファーする場合には、必ずアンカリングを仕掛けてくるという前提に立つ必要がある。

これは、交渉のプロフェッショナルの間では、当たり前の常識だ。私がかかわるような大きな案件では、最初にオファーされた金額の50％くらいのところを、相手は「落としどころ」に想定しているケースが多い。「1億円」という賠償金を請求されたら、「5000万円までは安くできる」という感覚がある。少なくとも、私はこの感覚で交渉に臨んで、ほぼ失敗したことはない。

だから、相手から出されたオファーを真に受ける必要はない。むしろ、カウンター・オファーで〝逆アンカリング〟を仕掛けるくらいでいたほうがいい。

重要なのは、相手のオファーの根拠を確認することだ。相手の要求根拠を把握したうえで、その根拠に対抗できるだけの根拠をもって、非常に低い条件のカウンター・オファーで対抗すれば、今度は、それが交渉のアンカーとして力をもつことになる。

相手の根拠（手の内）を知っているのだから、それを超える根拠を構築できる可能性は高いと言えるだろう。

たとえば、特許侵害で高額な損害賠償を請求されたとしよう。その請求額が、相手にとって都合のよいいくつかの判例を算定根拠にしているのであれば、こちらは、相手にとって不利な判例をもとに対抗策を打ってもいいだろう。

あるいは、まったく異なる算定根拠を持ち出してもいい。たとえば、ひとつの製品につき特許使用料が１００円と計算できるとすれば、それに販売した製品の総数をかければ賠償金額の目安を算出することができる。その金額が安価であれば、相手のアンカリングの効力を削ぐことができるに違いない。

こうして、お互いにアンカーを打ち込んで、そのパワーが拮抗《きっこう》したときに、交渉は始まると言ってもいいだろう。その後、お互いに「譲歩カード」を切りながら、落としどころを探っていくわけだ。

ストライクぎりぎりの「ボール球」を投げる

ただし、なかなか相手が先にオファーをしたがらない場合もある。

そのような場合には、こちらからオファーしてもいいだろう。「最も重要な条件」を先に知らせてしまうのだ。いつまでも腹の探り合いをしているのは時間の無駄。それよりも「最も重要な条件」を突きつけて、相手の反応を見るほうが得るものが多い。

たとえば、こちらが所有するライセンスの使用権をめぐる交渉であれば、「我々はどうしても、1億円以下だったら合意できない」などと切り出すのだ。もちろん、この「1億円」という数字は、アンカリングを意識して決める。

「交渉決裂ライン」を6000万円と設定しているのであれば、それを大きく上回る数字をオファー金額に設定するのは当然のことだ。ただし、あまりに高い金額に設定すると、相手が態度を硬化させる結果を招く（いきなり「交渉決裂カード」を突きつけてくるかもしれない）。

だから、相場を踏まえたうえで、ストライク・ゾーンをぎりぎり外れるボール球を投げるつもりで、オファー金額を設定するといいだろう。ストライク・ゾーンに入るボールでは、アンカリング効果が弱い。とはいえ、明らかなボール球では、相手はバットを振ってくれない（交渉に乗ってくれない）。ストライクぎりぎりのボール球が、最も効果的なアンカリングとして機能してくれるのだ。

そして、ボールを投げたら、相手の反応に目を凝《こ》らす。「う〜ん……、1億円ですか」と渋るのか、「1億円ですか?!」と驚くのか。その反応の仕方を、五感を総動員して確認するのだ。経験がものをいう領域だが、相手の表情、仕草、声音から、相手がどのくらいの「落としどころ」を想定しているのかを察知することができる。それをもとに、交渉戦略を練ればいいのだ。

もしも、相手の反応がかなり渋かったとすれば、7000万円あたりを落としどころに想定してもいいかもしれない。であれば、1億円のオファー金額を出発点に、どのように「譲歩カード」を切れば7000万円に着地できるかをシミュレーションすればいいだろう。

「譲歩幅」は徐々に小さく、最後は「端数」を示す

「譲歩カード」の切り方には鉄則がある。

最初に「最大の譲歩」を示し、徐々に譲歩幅を小さくしていくのだ。

相手の立場に立って考えれば、その理由は明らかだ。徐々に譲歩幅が小さくなれば、「もうこれ以上の譲歩はしてこないかもしれない」「この譲歩で合意しなければ、交渉が決裂するかもしれない」という不安を感じるはずだ。譲歩幅を小さくしていくことによって、相手にプレッシャーをかけることができるのだ。

このケースであれば、最初に1億円から8500万円に譲歩して、それでもダメなら8000万円に譲歩というように、譲歩幅を小さくしていく。そして、7000万円が近づいてきたら、7310万円などと端数《はすう》の条件を示すと効果的だ。相手も「そろそろ、限界が近づいている」と判断せざるを得ないからだ。

もちろん、これはあくまでもシミュレーションだ。

交渉が、想定どおり進むことはまずない。相手の出方を見ながら、随時、作戦を変更していく必要があるのは言うまでもない。しかし、行き当たりばったりでは交渉には勝てない。最初の段階でできるだけ精度の高い戦略をもっておくからこそ、状況に応じた的確な対応が可能になるのだ。

18

「最も悪い事実」から考える

相手になりきって「事実」を見つめる

「事実」は「論理」に勝る

交渉の議論のベースとなるのは「事実」である。

どんなに論理的な主張を行っても、その根拠となる事実に誤認があれば、いとも簡単に一蹴《いっしゅう》される。あるいは、理屈のとおった主張であっても、それを覆《くつがえ》す事実を指摘されれば、その瞬間に理屈は崩れる。私たちにパワーを与えてくれるのは、論理や理屈ではなく「事実」。「事実」こそが最強の武器なのだ。

先日も、ちょっとしたことで、そのことを改めて思い知らされた。

ある会員制バーに行ったときのことだ。お店に入って、窓際のテーブルに座ろうとすると、店員が近寄ってきて「お客様、困ります」と言う。その日、私は襟《えり》なしのシャツを着ていたのだが、それがお店のドレスコードに反するというのだ。

しかし、たしかに襟なしのシャツを着てはいるが、きちんとしたジャケットを着用しているため、お店の雰囲気を壊している服装とは思えなかった。そこで、「ドレスコードに反しているとは知らなかった。今後は気をつけるから、今日は認めてもらえないだろうか？」と丁寧に伝えた。

ところが、店員は、「ドレスコードはルールであり、ルールには従ってもらわなければならない」と取りつく島もない。少々、不愉快な思いをした私は、何気なく店内を見渡した。そして、あるものが目に入った。10ｍほど離れたテーブルに座っている女性が襟なしのシャツを着ていたのだ。

そこで、店員に「あそこの女性は襟なしのシャツだが？」と聞くと、「え？」と驚いた表情で、その女性を確認。バツの悪そうな表情を浮かべた。しかし、彼は、なおも「ドレスコードで女性の襟なしは認められている」と主張した。

私は、彼の表情を見て、嘘だと直感。「ほんとかな？」と揺さぶりをかけたうえで、「たとえ、ドレスコードでそう決まっているとしても、なぜ、男女で区別があるのか？　それはそれで問題では？」と追い打ちをかけた。ここで彼は折れた。次回以降は襟なしシャツは遠慮してほしいと伝えたうえで、「どうぞ、おかけください」と私に椅子をすすめたのだ。

彼は、ドレスコードというルールを根拠に自分の主張を展開したのだが、そのルールと矛盾する「事実」＝「襟なしシャツを着ている女性客」を突きつけられることで、その主張を取り下げざるをえなくなったのだ。些細《ささい》なエピソードだが、「事実」の強さを改めて実感する出来事ではあった。

「事実誤認」は発言への信頼性を損なう

これは、ビジネスの交渉でもまったく同じだ。

交渉に関係する事実を正確に把握することが、すべての出発点であることは言うまでもない。客観的事実をしっかりと積み上げて、状況を把握しておくことが交渉の大前提なのだ。

なんらかのトラブルが発生して、取引相手と善後策を協議するときには、トラブルが発生した経緯を正確に把握することを徹底しなければならない。取引先とのメールの送受信日時と内容など証拠が残っているものは、現物をすべて確認。証拠が残っていない会話などについては、関係者のヒアリングをするなどして状況把握に努めるべきだろう。それが原因究明、解決策の立案など、すべての基礎となるのだ。

そして、事実を正確に把握しておけば、それが「武器」となる。

万一、相手が自分にとって都合のよい事実だけを取り上げて、一方的にこちらの非を責め立てようとするならば、相手にとって都合の悪い事実を示すだけで黙らせることができるだろう。

あるいは、相手が事実誤認をしていれば、格好の標的となる。たとえ、些細な事実誤認であっても、それを指摘すれば、相手の主張に対する信頼性を損ねることができる。「そんな基本的な事実も押さえていない人間の言うことは信頼できない」という心証が生まれるのだ。そして、発言の信頼性を落とした者は、必然的に交渉において力を失うのだ。

自分に見えている「事実」を押し付けない

ただし、「事実」を扱うときに忘れてはならないことがある。

人間は、自分が見たいようにしか見ない生き物だ。だから、「事実」はひとつであるはずなのに、自分に見えている「事実」と、相手に見えている「事実」が異なることがあるのだ。その認識がないまま、自分に見えている「事実」を相手に押し付けようとしても交渉はうまくいかない。

たとえば、年収500万円のAさんが給料に不満をもっているとする。仕事を熱心にやって、だいたい平均以上の成績を収めている。しかし、年功序列型の給与体系で、自分より成績の低い年配者のほうが給料が高い。同業他社の同年代と比較しても、自分の給料は少ない……と不満を募らせているわけだ。

ところが、社長は、経営環境が悪化していることもあり、人件費が重荷になっていると認識している。つまり、年収５００万円という「事実」は同じでも、Ａさんは「安い」と思っているし、経営者は「高い」と思っているということだ。

そのような状況のなか、Ａさんが「私は平均以上の成績を残しているのに、年収５００万円は安いと思います。給料を上げてほしい」などと社長と交渉しようとしたらどうなるか？　社長は、「この経営の厳しいときに、何を言い出すんだ。５００万円でも高いというのに……」と態度を硬化させるに決まっている。交渉が成功する確率は限りなくゼロに近いだろう。

では、Ａさんはどうすべきなのか？

私は、交渉に臨む前に、相手になりきって、年収５００万円という「事実」を見てみるべきだと思う。社長の目には「事実」がどう見えているのかを考えてみるのだ。

そのためには、会社の経営状況や総人件費なども調べてみる必要があるだろう。ベテラン社員に、「社長は、社員の給料についてどう考えているのか？」と聞いてみてもいいだろう。

それらの情報をインプットしたうえで、社長になりきって考えてみれば、自分が見ていた「事実」とは、まったく違う「事実」が見えてくるはずだ。そして、その「社長にとっての事実」を認めたうえで、相手を説得するロジックを組み立てるのだ。

たとえば、こんな具合だ。

「私の年収は500万円です。もちろん、会社の経営状況を考えれば、決して安い給料ではないと思います。しかし、他社の給与水準と比較すると低いのも実態です。それでは、優秀な人材を採用するのも難しいのではないでしょうか？　そこで、業績連動型の給与体系に移行することで、人件費総額を変えずに、結果を出した社員に還元する仕組みにしてはどうでしょうか？」

これならば、社長も話を聞こうという気になるのではないだろうか。少なくとも、Aさんが「私は平均以上の成績を残しているのに、なぜ、年収が500万円なのか？」と、自分にとっての「事実」を押し付けるよりも、よほど実りのある交渉ができるはずだ。

“Of course, but”を常套句にする

これは、私が日々取り組んでいる、グローバル・ビジネスの交渉でも同じことだ。交渉にかかわるあらゆる「事実」を把握したうえで、相手になりきって、それらの「事実」が相手にはどう見えるかを熟考。そして、相手にとって「最も有利な事実」（こちらにとっては「最も不利な事実」）を見出すのだ。そして、その「最も不利な事実」を前提として、相手を説得するロジックを組み立てる。これができれば、相手を凌駕《りょうが》することができるのだ。

だから、私は交渉で「Of course, but」という言葉をよく使う。「もちろん（Of course）」という言葉のあとに、自分にとって「最も不利な事実」を述べたうえで、「しかし（But）」と続けて、それを凌駕する「事実」を示したり、ロジックを展開するわけだ。

自分にとって都合のいい事実だけを集めて主張しても、「最も不利な事実」を突き

つけられればひとたまりもない。交渉に勝つためには、「最も不利な事実」を出発点として、自分のロジックを構築しなければならないのだ。そして、自分にとって「最も不利な事実」を見極めるためには、相手になりきって、「事実」を見つめる必要があるのだ。

「ハーバード・ロースクール」で学んだ交渉術

このように、交渉で重要なのは「相手になりきって考える」ことだ。言い換えれば、ひとつのものの見方にとらわれず、自在に視点を切り替えるスキルと言ってもいいだろう。そして、ハーバード・ロースクールでは、このスキルを徹底的に鍛えられた。

授業では、過去の判決をもとに、教授が次々に学生を指名して、「君が原告なら、どんな主張をする?」などと質問。回答が終わったら、即座に、同じ学生に「では、君が被告なら、その主張にどう反論する?」などと尋ねるのだ。こうして、学生が原告と被告の双方のものの見方ができるように訓練されるわけだ。

　これが、私の弁護士としての仕事を根底で支えてくれている。「自在に視点を切り替えるスキル」「相手になりきって考えるスキル」が、交渉や訴訟では決定的に重要だからだ。

　意外に思われる方もいるかもしれないが、ハーバード・ロースクールでは、法律の条文そのものについてはほとんど学ばない。アメリカは州法が定められているため、どの州の弁護士になるかで学ぶ法律が異なるからだ。だからこそ、交渉・訴訟の専門家である弁護士の本質的な能力開発に力を注いでいるのだ。

　そして、このような訓練はどこでもできる。

　私がおすすめしたいのは、職場でのロールプレイングだ。取引先との交渉案件が生じたときに、チームのなかで「自社の交渉担当者」と「取引先の交渉担当者」に分かれて、模擬交渉をしてみるのだ。二度目は「自社の交渉担当者」と「取引先の交渉担当者」を交代してみてもいいだろう。そんな訓練をすれば、必ず、「相手になりきって考えるスキル」が磨かれ、交渉力が飛躍的に向上するはずだ。

19

「感情」は「論理」を飲み込む

「感情」を動かして、相手に「意思決定」を迫る

The Weapons of Negotiation

交渉は「意思決定のゲーム」である

交渉とは「意思決定のゲーム」である。
合意するにせよ、交渉決裂するにせよ、そこにあるのは交渉当事者の「意思決定」である。そして、相手の「意思決定」を自分にとって有利な方向へ誘導するために、〝綱引き〟を行うのが交渉と言えるだろう。

では、その「意思決定」を決定づけるのは何だろうか？

私は「感情」だと考えている。こう言うと違和感を覚える人もいるだろう。人は論理的に納得するから意思決定するのではないか、と。

たしかに、意思決定において「論理」は重要な位置を占めているのは疑いない。しかし、「意思決定」の最終的な決め手になるのは、「論理」ではなく「感情」である。いや、「感情」の前で「論理」は無力ですらある。それを、私は、数々の交渉の現場で学んできた。

印象深いエピソードがある。

日本メーカーと中国の大企業の間でトラブルが発生し、私が日本メーカーの代理人として交渉に当たっていたときのことだ。交渉は難航をきわめた。お互いに自社の主張を強固なロジックで構築。ツノを付き合わせて、一歩も引かない。歩み寄る糸口すら見つからず、３年もの間、交渉はまったく進展しなかったのだ。

そこで、このトラブルを調停に持ち込むことになった。調停とは、利害が対立する二者の間に公平な第三者である調停人が入り、妥協点を見出して和解をめざすプロセスだ。調停で和解が成立しなければ交渉は決裂、さらに裁判で戦い続けることになる。

和解か訴訟かを分ける重要な局面だった。

「味方」にも「敵」にもなる存在

調停人に選任されたのは、アメリカで5本の指に入る凄腕《すごうで》の調停人だった。争いの現場を嫌というほど見てきたプロ中のプロ。調停人としても、数々の深刻なトラブルを解決してきた実績をもち、法曹界のリスペクトを集めていた。

私にとって、調停における交渉相手はこの人物。そして、味方にも敵にもなりうる存在だ。私たちの主張に沿って調停してくれれば強力な味方になるが、相手の主張に沿って私たちの説得にかかる可能性もある。その場合には、実に厄介な敵にもなりうるのだ。調停当日、私はいささか緊張しながら会場に向かった。

調停は午前9時に始まった。

両者は2つの部屋に分けられ、お互いに顔は合わせない。2つの部屋を調停人が行き来し、お互いの主張をお互いに伝え、意見を仰ぐ。調停人はそのやり取りのなかで、妥協点を探るわけだ。

調停人を介したやり取りは昼食を挟んで数回行われたが、やはり話し合いは進まなかった。私は、調停人を味方につけるべく、自社の主張の正当性を訴え続けた。彼はその話に静かに耳を傾け、理解を示してくれた。しかし、中国企業側も譲らない。調停に臨んでいた10人のメンバーも、徐々に苛立ち始めていた。

しかし、午後5時30分を過ぎたころ、ついに変化が起きた。

私たちの主張を預かって午後4時には部屋を出た調停人が、1時間半経っても帰ってこないのだ。私はこう考えた。「私たちの主張を向こうに強く押してくれているのだろう。そろそろ決着をつけようと、向こうの部屋で頑張ってくれているのだ」。私の主張に理解を示してくれていたのだ。そう考えるのが自然だと思えた。

さらに30分経ち、午後6時。

建物の都合上、エアコンが消された。それでも、調停人はまだ帰ってこない。相手が激しく抵抗しているのだろう。調停人は、私たちのために頑張ってくれているのだ。

じっと待つしかない……。

凄腕「交渉人」の仕事術

ところが、午後7時、8時、9時と時間は過ぎ、部屋を出てから5時間経っても、調停人は帰ってこなかった。

すでに限界を超えていた。エアコンが切られてから、耐え難い熱気と湿気、そして苛立ちが室内に充満していた。考えてみれば、軽い昼食を食べてから9時間、私たちは何も口にしていない。

暑い。お腹がすいた。そして何より、疲れた。帰りたい……。誰も口にはしなかったが、おそらく全員が同じ気持ちだった。誰からともなく、「こちらの主張が向こうにとって厳しすぎるようなら、少々、妥協しても構わないか」という提案があった。いくつかの条件をつけたうえで、私もそれを了承した。

なおも重苦しい時間が過ぎた。

そして、午後10時。ついに調停人がやって来た。そして、相変わらずクールな表情で「あなたたちの主張をすべて通すことはできなかったが、この条件なら相手は飲むという和解案をまとめてきた」と言った。

和解案を見たところ、たしかにベストではないが、中国企業がこれまで頑強に拒んでいた譲歩も含まれていた。先ほど、私がつけた条件もほぼ満たされている。しかも、世界最高峰の調停人が、粘りに粘って勝ち取ってくれたものなのだ。これ以上粘ることもない。私たちは、その案に乗った。

こうして、3年に及ぶトラブルは和解。

調停人に感謝を伝えたうえで、私たちは安堵感《あんどかん》を胸に家路に着いた。

調停人の術中にはまる

ところが、翌日、驚かされることになる。

私は、和解の挨拶をしようと、相手の弁護士に電話をした。そして、お互いに3年にわたる戦いをねぎらい合ったうえで、こう聞いたのだ。

「昨日はハードな調停だったね。ところで調停人は、午後4時から6時間も、君たちの部屋でどんな交渉をしていたんだ？」

するとの弁護士は驚いた声で応えた。

「何を言っているんだ。調停人は午後3時30分からずっと、おれたちの部屋にはいなかったよ。君の部屋で妥協案をまとめてくれていたんじゃないのか？」

一瞬、私は、「どういうことだ？」とあっけに取られた。

しかし、すぐにわかった。

私たちはまんまと、調停人の術中にはまったのだ。

調停人は、6時間もかけて相手の説得をしていたのではなかった。きっと、自分の控え室で休んでいたのだ。そして、おそらくこれは、数々の深刻なトラブルを解決してきた、彼一流の戦術なのだと思い至った。前日の出来事を振り返って、私は、彼の深い知恵に唸るほかなかった。

まず、彼は、双方の言い分に静かに耳を傾け、それぞれの主張に理解を示した。こうして、双方に「自分は味方だ」と思わせることに成功。そのうえで、お互いにぎりぎり歩み寄れる妥協点を洗い出して、和解案の整合性を取っていった。とはいえ、3年も膠着状況が続いたトラブルだ。お互いを100％納得させられる和解案など、ありえないこともよくわかっていたはずだ。

そこで、彼は、双方の「感情」を利用した。

自分を味方だと認識させておいたうえで、6時間も放置。双方ともに、「自分のために一流の調停人が粘ってくれている」と誤解させたのだ。そして、6時間にわたって「暑さ」「空腹」「疲労」を与え、闘争心を奪い去ったのだ。

「感情」は「論理」を飲み込む

私は、この戦術をずるいとは思わない。

むしろ、人間というものをよく理解した、実に巧みな交渉術だと思うのだ。

もしも、彼が最終的にもってきた和解案を、午後3時にもってきたらどうなっていたか？　双方ともにまだ闘争心に満ちている。あくまで自分たちの論理を押し通すべく、粘り強く対策を練ったはずだ。しかし、その対案を相手側に持ち込めば、さらに亀裂が深まるだけだったであろう。

調停人は、そのようなプロセスを続けることを不毛と判断したのだろう。

だから、あえて、双方の「感情」を利用することによって、論理的には異議を挟む余地のある和解案を飲むという意思決定に導いたのだ。さすがは、アメリカで5本の指に入る調停人であると言うべきだろう。

「感情」は「論理」を飲み込む――。

これは、交渉において忘れてはならない真理だ。

私たちは、交渉において、自分にとって望ましい意思決定をしてもらうために、相手を論理的に説得しようとしがちだ。もちろん、それはきわめて重要なことだが、相手にも相手の論理があるため、下手をするといつまでも平行線を辿るだけに終わりかねない。

そんなときに、交渉のプロフェッショナルは「感情」を武器に使う。「論理」ではどうしても結着つかないときに、最終的に意思決定の決め手となるのは「感情」である。「感情」は「論理」を飲み込んで、私たちの意思決定を決定づけるのだ。

The Weapons of Negotiation

20

「三方一両損」こそ最高の戦略である

お互いに「損をした」と思うのが、よい交渉である

〝崖っぷち〟に立ってからが「真の交渉」

まず「交渉決裂ライン」から決める――。

すでに述べたように、私はこれを原則としている。

「絶対に譲れない一線」を明確にして、それを死守するためにあらゆる作戦を立てる。そして、相手がその一線を踏み越えてくる場合には、交渉決裂を突きつける。これが、交渉戦略の基本中の基本だと考えているのだ。

これを疑問に思っている人もいるかもしれない。交渉決裂を前提に考えていれば、

相手に過剰な譲歩をすることはないだろうが、そのような姿勢で、果たして合意することができるのか。もっと、合意に至るための戦略を考えることに注力すべきではないのか、と。

私はむしろ逆だと思う。

交渉当事者がお互いに「交渉決裂ライン」を明確にして、その一線を守る戦略を練り上げているからこそ、「合意」に向けた知恵が生まれる。お互いにとって「よりよい解決策」を見出すことにつながるのだ。

交渉において、自ら「交渉決裂ラインはここです」と明示することはあまりないが、話し合いを続け、「譲歩カード」を切り合うなかで、徐々に相手の「交渉決裂ライン」はわかってくる。そして、その一線を簡単には突破できそうもないこともわかってくる。そして、「譲歩カード」が尽きるころに、交渉決裂か合意かぎりぎりの局面を迎えるわけだ。

しかし、私は、「真の交渉」はここから始まると考えている。両者ともに、合意することにメリットを感じているから、膨大な労力を投じて交渉を続けてきたが、このままでは交渉決裂するほかない。こうして、お互いに〝崖っぷち〟に立たされたときにはじめて、それまでの発想を超えた「創造的な解決法」が生み出されることが多いからだ。

追い詰められるから「妙案」が浮かぶ

たとえば、こんな経験がある。

私のクライアントが、契約違反で取引先から損害賠償を請求されたときのことだ。こちらとしても、契約違反についてはある程度認めて賠償する意思も見せた。しかし、こちらとして払うべきと考える賠償額と、相手の請求額とはかなりの落差があった。キャッシュフローの関係から、私たちに支払うことができる限度額があったため、この一線は、どうしても譲れなかったのだ。

お互いに「譲歩カード」を切り合いながら、賠償額の折衝《せっしょう》が続いたが、ついに壁にぶつかった。こちらが、「交渉決裂ライン」ぎりぎりの譲歩を示したところ、相手がその金額を蹴ったのだ。このままでは、相手は訴訟に打って出ざるをえないが、訴訟となれば、こちらとしても取引停止の対応を取らざるをえない。それは、相手にとっても大きな痛手となる。まさに、お互いに一歩も動けない局面を迎えたのだ。

どこかに突破口はないか？

私たちは、追い詰められた状況のなかで必死で考えた。

そして、ある妙案を考え出した。賠償金は、私たちの「交渉決裂ライン」に沿った金額にしてもらう。そのかわりに、相手方に納めるある製品の販売価格を赤字ぎりぎりまで値下げする（数億円規模の値下げだ）。相手にすれば、値下げ分は賠償金の補《ほ》塡《てん》になるし、私たちは、キャッシュフローへの影響を小さくすることができる……と考えたわけだ。

この提案に、相手は一瞬戸惑《とまど》った。

何しろ、提示した賠償金額は、彼らの「交渉決裂ライン」をはるかに下回っていたのだから、その反応も当然だったろう。しかし、この提案を蹴れば、確実に交渉は決裂。訴訟になれば勝てるだろうが、取引停止という不利益を被る。であれば、この提案に乗っておいたほうが得だ……。そう考えたのだろう、最終的にはこの妥協案に乗ってくれたのだ。

こうして、私たちは、辛《から》くも交渉決裂ぎりぎりの局面で合意に到達。平和的に問題を解決することができたのだ。

この交渉には2つのポイントがあったように思う。

第一に、交渉決裂ぎりぎりの〝崖っぷち〟に立たされたことだ。「火事場の馬鹿力」という言葉があるが、まさにそのとおりで、これまでとは全く違う発想をしなければ、問題解決ができない局面に立たされるからこそ「創造的な解決策」は生まれるのだ。

第二に、お互いに、強い「交渉決裂カード」を用意していたことだ。相手は訴訟を提起するつもりでいたし、私たちは取引停止というカードをもっていた。だから、どちらも安易に「交渉決裂カード」は切れない。だからこそ、相手も最終的には、私たちの示した提案に乗らざるをえなかったのだ。

私は、これまで何度も、このような経験をしてきた。

だからこそ、私は、あらかじめ「絶対に譲れない一線」を明確にして、それを死守するための作戦を綿密に詰めておくべきだと考えているのだ。

「交渉決裂ライン」が強固であるからこそ、お互いに〝がっぷり四つ〟で組み合うことができる。そして、お互いのパワーが拮抗《きっこう》し、交渉がぎりぎりの局面を迎えたときに、「創造的な解決策」が生まれる。お互いに納得できる合意に至る可能性が高まると思うのだ。

「お互いに損をした」と思うのが、よい交渉である

アメリカでは、よくこんなふうに言われる。

「お互いに『損をした』と思うのが、よい交渉だ」と。

これは、私の実感にも非常にフィットする。特に、交渉決裂ぎりぎりの局面で、「創造的な解決策」で合意に至ったときには、実は、「お互いに損をした」と思っているケースが大半だと思うのだ。

先ほどのケースがまさにそうだ。私たちは、「交渉決裂ライン」に設定していた損

害賠償金を負担したうえに、ある製品の販売価格を大幅に値下げするほかなかった。そこで失う利益は、私たちにとっては「大損」でしかない。そして、相手も「損」をしたと思ったはずだ。安価で製品を購入することはできるが、当初想定していた賠償金は大幅に減額となったからだ。

ただし、これは同時に"win-win"でもある。

私たちは「損」はするが、そもそもの目的だった「キャッシュフローへの影響を最小化すること」は達成することができた。相手も賠償金額では「損」をしたが、実質的には当初の目標金額を手にすることができた。「交渉とは自分の目的を達成するための手段である」という定義から考えれば、それはお互いに「交渉に勝った」ということにほかならないのだ。

お互いに「損」することで、"win-win"を実現する。これこそが「創造的な解決策」の本質であり、そのために知恵を出し、汗をかくことが「真の交渉」と言ってもいいのだ。そして、そのような交渉ができる人物こそ、「交渉プロフェッショナル」と呼ぶにふさわしいのだろう。

国際紛争を解決した「新渡戸裁定」

その意味で、日本人には誇るべき先輩がいる。『武士道』の著者として世界的に有名な新渡戸稲造《にとべいなぞう》だ。彼は、第一次世界大戦後の１９２０年に発足した国際連盟の事務次長に就任。その任期中に、スウェーデンとフィンランドの間で起こった領土問題を、「新渡戸裁定」と呼ばれる創造的な手法で解決に導いたとされている。

領土問題の舞台は、スウェーデンとフィンランドの間にある約６７００の島からなるオーランド諸島だ。

この諸島は、複雑な歴史をもっている。もともとフィンランドの一地方だったそうだが、１１５５年にスウェーデンがフィンランドを征服して以降、地理的にも近いスウェーデンへの帰属意識が強まったという。ところが、１８０９年にスウェーデンがロシアとの戦争に敗北して、フィンランドとオーランド諸島がロシアに割譲《かつじょう》される。

そして、第一次世界大戦が始まるとロシアはオーランドの要塞化《ようさいか》を開始。スウェーデンに脅威を与えることになる。しかし、1917年のロシア革命を機に、フィンランドがロシアからの独立を勝ち取るとともに、オーランド諸島ではフィンランドから離れて、スウェーデンへの帰属を求める運動が活発化。スウェーデンとフィンランドの間で、オーランド諸島の帰属問題が先鋭化《せんえいか》したのだ。

オーランド諸島は両国の間に存在するだけに、安全保障の観点からも両国間は強い緊張関係に陥ったに違いない。そして、当事者同士の交渉が暗礁《あんしょう》に乗り上げた結果、誕生間もない国際連盟に裁定を託すことになったのだ。

全員が「損」をして、"win-win"となる

では、この困難な問題をどう解決したのか？

「新渡戸裁定」の核心をシンプルに表現するとこうなる。

「フィンランドはオーランド諸島の統治権をもつ。しかし、オーランド諸島の公用語はスウェーデン語。そして、オーランド諸島の自治権を保証する」。さらに、帰属問

題が解決したのち、国際連盟の主導のもと、オーランド諸島の「非武装・中立化」が決定。現在に至る大枠の体制が固まることになる。

実に見事な裁定だと思う。

スウェーデンはオーランド諸島の統治権を獲得することができず、オーランド諸島の望みも叶わなかった。フィンランドも統治権は維持したものの、オーランド諸島に独立国並みの自治権を認めざるを得なかった。いわば、三者とも「損」をしたということだ。

しかし、これは同時に"win-win"の解決策でもある。オーランド諸島が「非武装・中立化」されたことで、スウェーデンとフィンランドは安全保障上の問題をクリアすることができたはずだ。しかも、オーランド諸島は、スウェーデン文化に基づいた地域運営をする権利を獲得することができた。つまり、三者ともに「目的」を達成することができたわけだ。

現在でも、新渡戸は、スウェーデン、フィンランド、オーランド諸島の人々から感謝されていると聞くが、それも当然のことではないだろうか。

もちろん、あくまで彼は事務次長。この裁定を主導したとまでは言えないかもしれないが、事務方の人間として、解決策に知恵を絞り、関係国との交渉に走り回ったに違いない。だからこそ、「新渡戸裁定」と呼ばれているのだろう。

「三方一両損」こそ最高の戦略である

そして、私はこんな想像をする。

「新渡戸裁定」を生み出したのは、日本人が根っこにもっている「三方一両損」の精神ではないか、と。

ご存知のとおり、「三方一両損」は、江戸時代に多くの人々に親しまれた講談からつくられた言葉だ。左官である金太郎が三両を拾い、落とし主の大工である吉五郎に届けるが、吉五郎はいったん落とした以上、自分のものではないと受け取らない。

そこで、裁定に当たった大岡越前が一両を足して四両にしたうえで、二両ずつをふたりに渡した。金太郎も吉五郎も、本来は三両もらえるはずなのに、一両損することになる。そして、本来、関係のない大岡越前も一両損をする。「三人ともに一両損をするのだから、それで手を打たないか」というわけだ。

ここには、アメリカで言われる「お互いに『損をした』と思うのが、よい交渉である」という考え方に近いものがある。そして、私の経験からすれば、これはほとんど世界中で共通する感覚だと思う。

交渉当事者が〝がっぷり四つ〟で戦って、どうしても決着がつかないときに、最後の最後で武器となるのは「三方一両損」の精神なのだ。そして、それが世界で通用する武器であることを、新渡戸稲造は証明したのだと思う。

あとがき

交渉は「砂の城」をつくるのに似ている——。

私は、そう考えている。誰もが子どものころ、波が打ち寄せる砂浜で「砂の城」をつくったことがあるはずだ。思うようにいかず、何度もつくり直したことがあるのではないだろうか？

自分の思い描くような「砂の城」をつくるうえで大切なのは、「つくる場所」の選び方だ。波が届かない「安全な場所」の砂は、水気がなくてパサパサしているので「いい城」をつくることはできない。だから、できるだけ波打ち際に近いほうがよいが、近づきすぎると、大きな波がきたときに根こそぎ流されてしまう。

そして、大きな波をかぶらない「ぎりぎりの場所」を決めたら、城をつくりはじめる。ときに波は城を崩そうと押し寄せてくる。そこで、波を防ぐために「防壁」を築いたり、波が城を直撃しないように「水路」をつくったり、あれこれと対策を考える。それでも無傷ではいられない。波の攻撃を受けて100%思い描いた「砂の城」をつくるのは不可能に近いのだ。

これは、交渉そのものだ。

「砂の城」をつくる場所を決めるのは、「交渉決裂ライン」を決めるのに近い。自分がイメージする「砂の城」(=自分の目的)を実現するために、周囲の状況を見定めて「つくる場所」(=交渉決裂ライン)」を決める。

波(=交渉相手)の攻撃に備えて「防壁」「水路」をつくるのは、交渉戦略を考えるのに近い。しかも、交渉において100%自分の思い描いたような結論に至ることはないと考えておいたほうがいい。「自分の目的」をぎりぎり死守するために、ありとあらゆる知恵をしぼるのが交渉なのだ。

そして、こんな連想をせずにいられない。

私たちの人生は「砂の城」のようなものではないか、と。

私たちは、「こんな人生を送りたい」「こんな仕事を成し遂げたい」といったイメージをもちながら生きている。しかし、「砂の城」を崩す波のように利害が対立する人がいるのが現実。だから、100%思い描いたような人生を送るのは困難だ。

しかし、「交渉の武器」をもって対抗すれば、「これだけは譲れない」という一線を守って生き抜くことができるはずだ。そして、一生をかけて、少しでも自分が思い描いた「何か」をつくり出す。その悪戦苦闘の営みこそが、生きるということなのかもしれない。

「恐怖から交渉をしてはいけない。しかしまた、交渉するのを恐れてもいけない」

私は、このジョン・F・ケネディの言葉が好きだ。仕事にも人生にも何度も荒波が押し寄せる。強大な波を前に恐怖を感じることもある。しかし、交渉を決して恐れてはならない。冷静に状況を見極めたうえで、戦う勇気を失ってはならないのだ。本書が、読者の皆様にとって、そんな交渉を戦うときの「武器」となってくれれば望外の喜びだ。

最後に、謝辞を述べておきたい。

まず、これまで一緒に戦ってきたクライアントの皆様に深く御礼をしたい。どなたも誠実かつ真摯にビジネスに向き合う方ばかりで、その姿勢に多くのことを学ばせていただいてきた。そして、厳しい交渉をご一緒させていただくなかで、実に多くの教訓を得ることができた。皆様とともに戦った経験がなければ、本書をまとめることはできなかった。

また、私のボスであるジョン・クイン氏には、これまで実に多くのチャンスとアドバイスを与えていただいた。彼の応援があったからこそ、本書を刊行することができた。本書をつくるために全面的にサポートしてくれた、外川智恵氏、手代麻紀子氏、栃本実穂氏をはじめとするオフィスの仲間にも、心から「ありがとう！」と伝えたい。

さらに、数十時間にわたって私をインタビューしたうえで、一冊の日本語の本にまとめてくれた編集者の田中泰氏とライターの前田浩弥氏にも感謝する。

そして、何よりも感謝すべきなのは、日本という国との出会いである。

日本との出会いが私の人生を決めた。心から敬愛する日本のために微力を尽くすという、私なりの使命を与えてくれたのは、長い伝統をもつ日本の素晴らしい文化なのだ。その日本を守るために、これからも「交渉の武器」を磨いていきたい。そして、皆様とともに世界の荒波をくぐり抜けていきたいと思いを新たにしている。

ライアン・ゴールドスティン

2018年11月

参考文献・資料

『戦争論』（クラウゼヴィッツ著、清水多吉訳、中公文庫）
『海舟余波』（江藤淳著、文春文庫）
『グロービスMBAで教えている交渉術の基本』（グロービス著、ダイヤモンド社）
『ジョン・レノン』（レイ・コールマン著、岡山徹訳、音楽之友社）
『ゴッドファーザー』（フランシス・フォード・コッポラ監督、パラマウント映画）
『新渡戸稲造　日本初の国際連盟職員』（玉城英彦著、彩流社）

ライアン・ゴールドスティン (Ryan S. Goldstein)

クイン・エマニュエル・アークハート・サリバン外国法事務弁護士事務所東京オフィス代表。カリフォルニア州弁護士。

1971年シカゴ生まれ。1910年代に祖父がアメリカに移住した、ポーランドにルーツをもつユダヤ系移民。ダートマス大学在学中に日本に関心をもち、金沢にホームステイ。日本に惚れ込む。1993～95年、早稲田大学大学院に留学。98年、ハーバード法科大学院修了。ハーバードの成績トップ5％が選ばれる連邦判事補佐職「クラークシップ」に従事する。

99年、アメリカの法律専門誌で「世界で最も恐れられる弁護士チーム」に選出された、クイン・エマニュエル・アークハート・サリバン法律事務所(現)に入所。2005年に同事務所パートナーに就任。カリフォルニア州の40歳以下の優秀な弁護士に贈られる「Top20under40」を35歳で受賞する。専門は国際的ビジネス・知財訴訟、国際仲裁。

「日本の味方になりたい」という願いを叶えるために、日米を行き来しながら一社ずつ日本企業のクライアントを増やし、2007年に東京オフィスの開設を実現。2010年に日本に常駐するとともに東京オフィス代表に就任した。

これまで、NTTドコモ、三菱電機、東レ、丸紅、NEC、セイコーエプソン、リコー、キヤノン、ニコン、円谷プロなど、主に日本企業の代理人として活躍するほか、アップルvsサムスン訴訟など国際的に注目を集める訴訟を数多く担当。

また、東京大学大学院法学政治学研究科・法学部非常勤講師、早稲田大学大学院、慶應義塾大学法科大学院、成蹊大学法科大学院、同志社大学法学部の客員講師などを歴任。日本経済新聞の「今年活躍した弁護士(2013年)」に選ばれたほか、CNNサタデーナイトのレギュラーコメンテーターも務めた。

交渉の武器

交渉プロフェッショナルの20原則

2018年11月21日　第1刷発行

著　者――ライアン・ゴールドスティン
発行所――ダイヤモンド社
〒150-8409　東京都渋谷区神宮前6-12-17
http://www.diamond.co.jp/
電話／03･5778･7234（編集）　03･5778･7240（販売）
装丁――――奥定泰之
製作進行――ダイヤモンド・グラフィック社
印刷――――加藤文明社
製本――――加藤製本
編集担当――田中 泰

ISBN 978-4-478-06695-9